RUTH VERENA WEBER

Rauhnächte mit den Plejadern

12 selbst-transformierende Channnelings

mit den Plejadern und kosmischen Wesen

für den Durchbruch in dein „next level"

Buch

Die Zeiten zwischen den Jahren sind auf Planet Erde tiefe Momente der inneren Einkehr, Reflektion und Transformation. Das Alte ist nun bereit zu gehen, um dem Neuen Raum zu geben.

Dieses Buch ist ein etwas anderer „Rauhnachts -Begleiter" im Wechsel zu dem Neuen Jahr. Tiefe Energien und Wesenheiten des Kosmos strömen aktuell mehr denn je auf Planet Erde, und verbinden sich mit uns. Und so möchten dich nun lichtvollste Wesen der Plejaden und weiteren Feldern des Kosmos über diese transformativen Zeiten gerne begleiten.

Tiefe Wahrheiten und Weisheiten des Universums werden dir in diesem Buch als Impulse direkt aus der Ur-Essenz des Universums weitergegeben. Weise Worte, um dir tiefe Momente des Erkennens, Rück-Verbindens, wie auch Rück-Erinnerns zu schenken. Und um dich wieder selbst tief mit deiner ganz eigenen höchsten Wahrheit, deiner persönlichen Ur-Essenz, nun wieder zu verbinden.

In diesen 12 Tagen mögen dich nun 12 lichtvolle Channelings inklusive 12 selbst-transformativen Mediationen mit Wesen des Kosmos auf deine ganz eigene „neue" Reise als Ur-Essenz in Verkörperung begleiten.

Du wirst durch diese 12 lichtvollen Channelings und Meditationen
- Dein eigenes Leben tief auf Herzensebene shiften
- Die Wahrheiten der Manifestation durchschauen und endlich erfolgreich anwenden können
- Deine Ur-Essenz entdecken und leuchtender denn je aktivieren
- Deine 12-Strang DNA aktivieren
- Und das Bündnis mit der dritten Dimension beenden

Es ist Zeit, dass du endlich in deinem puren Purpose erleuchtest, und dein Licht mehr denn je, auf Erden erstrahlen lässt.

Ruth Verena Weber

Rauhnächte mit den Plejadern

12 selbst-transformierende Channnelings

mit den Plejadern und kosmischen Wesen

für den Durchbruch in dein „next level"

Bonus:

12 Transformations-Meditationen

12 Rauhnachts-Impulse

das gesamte Buch als Hörbuch

Erste Auflage
Vollständige Taschenbuchausgabe Dezember 2024

Umschlagsmotiv: www.canva.com/ Bilder von „Jeplenio"/Pixabay; „Claudio Ventrella"/getty images; Изображения пользователя vixanart.

ISBN: 978-3-7693-2305-4
Verlag: BoD · Books on Demand GmbH, In de Tarpen 42, 22848 Norderstedt, bod@bod.de
Druck: Libri Plureos GmbH, Friedensallee 273, 22763 Hamburg

In Liebe an alle Bewohner des Planeten Erden und des Kosmos, die aktuell im größten Wandel des Planeten Erde ihr Licht größer denn je erstrahlen lassen

Inhalt

Vorwort

Hast du dich jemals gefragt, ob es außerhalb dieses Planeten noch mehr Leben gibt? Oder auch auf unserem Planeten Wesen mit und unter uns wohnen, die weder Mensch, Tier oder Pflanze sind? Was, wenn es sogar Leben außerhalb des Planeten gibt, dass so viel weiser und tief in der Aktion des „Wir" ist, von dem wir als Erdenwesen wirklich noch Vieles lernen könnten?

In diesem Buch möchte ich dich zu 12 tiefen Channelings, speziell mit den Plejadern einladen. Doch nicht nur sie haben ihre Worte durch meine Hände fließen lassen. Sondern auch andere außerterrestrische Wesen kamen in diesen Channelings zu Wort. Es sind 12 Channelings, die dich gerne durch die Rauhnächte begleiten möchten. Eine Zeit tiefer Transformation auf Planet Erde. Eine Zeit, in der es im Außen scheinbar am Dunkelsten ist, jedoch tief im Innen, tief in dir, das Licht heller erstrahlt als je zuvor. Und sich auch für dich die „Anderswelten" klarer offenbaren, als sonstig über das Jahr. Eine Zeit möglicher Transformation, die dein ganzes Leben verändern könnte. Natürlich nur, wenn du das auch möchtest.

Da das Buch etwas anders wie ein gewöhnliches Buch aufgebaut ist, möchte ich dir kurz erklären, wie die Channelings zu mir kamen.

Seit vielen Jahren kommuniziere ich mit allem Bewusstsein des Universums über die telepathische Herzkommunikation. Tiefe Informationen kommen sozusagen vom Kosmos oder von Wesen der „Anderswelten" über Worte und Bilder zu mir. Bis hin zu ganzen Texten, die dann wiederum ein neues Buch ergeben. Worte und Weisheiten, die tatsächlich wahre Shifts in dir verändern könnten, kommen auf diese Weise in das Feld des Planeten Erde zu mir und durch das Buch sozusagen auch zu dir. Auf geistiger Ebene ist meine Aufgabe „Die Brücke zwischen allen Welten zu sein". Und so hochschwingende Informationen des Kosmos aktuell auf Planet Erde einströmen lassen zu dürfen.

Und genau auf diese Weise sind auch die folgenden Seiten entstanden. Es sind 12 für sich stehende Channelings. Jedes davon in sich mit tiefen Weisheiten des Kosmos bestückt. Und vor allem immer auch in klarer praktischer Anleitung für dich als Quintessenz endend, damit du selbst dein Leben ab heute tiefer denn je verändern kannst.

Die Texte sind somit eine Art Unterhaltung zwischen den Sternenwesen und mir. Und exakt in dieser Weise wurden sie nun fast eins zu eins nun auf Papier gebracht. Eine Unterhaltung, die tiefe Informationen enthält, um jeden Leser in seinem wahren Kern, deiner Ur-Essenz, wieder zu berühren. Um dich zu erinnern, warum du wahrhaftig auf Planet Erde inkarniert bist. Und noch viel tiefer, dich erkennen lassen möchte, wer du tief über dies hinaus in Wahrheit bist.

In Liebe

Ruth

Anmerkung:

Das Buch ist überwiegend in der „Wir/Ihr"-Form geschrieben. Hintergrund dafür liegt darin, dass die Wesen des Kosmos uns als „Kollektiv Menschheit" ansprechen. Jedoch im Herzen jeden Einzelnen von uns meinen.

Ebenso ist zu erwähnen, dass versucht wurde durch eine Abwechslung in der männlichen und weiblichen Ansprache jegliche Diskriminierung der Geschlechter zu vermeiden. Mit der Bitte, in dir selbst, die Worte dann in deiner dir liebsten Ansprache zu verändern.

Weiter zu erwähnen ist, dass auch immer wieder Worte in diesem Buch auftauchen, die es so in unserem Wortschatz oft noch nicht gibt. Oft bekomme ich während den Channelings Bilder oder in einem Momentum große Wissenszusammenhänge übermittelt, die in unserer Sprache als solche noch gar nicht existieren. Daher habe ich versucht, sinnpassende Worte und Beschreibungen für all´ die tiefen Wissensinformationen zu finden, die die Channelings zum höchsten Wohle aller, am besten wiederzugeben. Die Erklärungen der ungewöhnlichen Wortfindungen findest du ebenso am Ende des Buchs im Glossar detaillierter beschrieben.

Um dich persönlich noch tiefer in deinem eigenen Weg des Erwachens und Wandels zu begleiten, wurden zusätzlich zu dem Buch 12 tief-transformierende Meditationen von den Sternenwesen durch mich weitergegeben. Die Meditationen, sowie alle weiteren Impulse für die Zeit der Rauhnächte, bekommst du mit dem Kauf dieses Buches kostenfrei dazu. Dahinter steht das große Herzensanliegen, dass unendlich viele Menschen ihren eigenen inneren Ruf nun tief folgen und durch „kleines Geld" auch wirklich alle Inhalte an wirklich JEDE RUFENDE SEELE möglich wird. Wenn du magst, und mir dabei helfen möchtest, empfehle mein Buch und die Meditationen gerne weiter. Je mehr Menschen wir werden, die sich wieder an die tiefen Wahrheiten des Universums und sich selbst beginnen zu erinnern, desto schneller wird das Licht auf unserem Planeten wieder stärker denn je erleuchten. Ich danke dir von Herzen, du wundervolle Seele.

Du findest den dazugehörigen Mitgliederbereich mit allen Meditationen, Impulsen und dem Audio-Hörbuch unter folgenden Links:

https://reconnectbeyond.com/

https://ruthverenaweber.tentary.com/p/KcLf2e

Code: Starbeing

Von tiefstem Herzen wünsche ich dir nun unendlich viel Freude

Von Herz zu Herz

Ruth

Lichtvolle Worte der Plejader und kosmischen Wesen

Wir, die Wesen der Plejaden grüßen euch von tiefstem Herzen als Wesen des Planeten Erde. Wir freuen uns, euch in den Zeiten des größten Wandels, begleiten zu dürfen. Wir sind die Wesen der "blauen Planeten", leuchtet unsere Heimat gerne in der Farbe Blau, der Farbe der Erleuchtung und Göttlichkeit, zu euch auf Planet Erde.

Auch wir haben einst diese Phasen größten Wandels auf unseren Planeten durchleben dürfen. Um nun an eurer Seite des größten Wandels seit Lemurien zu durchschreiten. Und das vollkommene Dunkel des Lichts nun hinter euch zu lassen, ist eure Bestimmung. Ist euer aktueller Weg. Zum einen in diesen Rauhnächten. Den euch heiligen Tagen aus Zeiten Lemuriens, als das tiefste Dunkel des Jahres sich wieder in das hellste Licht wandelte. Wohlgleich das tiefste Dunkel die gesamte Schöpfung in sich birgt, und diese nur erkannt werden kann, wenn euch Menschen keine Ablenkungen, Illusionen und Reflektionen des Lichts in dieser Innenschau abhalten. Gleichwohl sind nicht nur diese euch heiligen Tage des Rauhnachts-Wandels die Tage tiefster Einkehr jeder einzelnen göttlichen Seele auf Planet Erde. Ebenso möchten wir euch weiter auch in den nächsten kommenden Jahren durch euren tiefsten Wandel des Dunkels in den höchsten Wandel des Lichts begleiten. So, wie wir es schon seit vielen Jahren machen. Um zu verstehen, welchen Wandel wir meinen, möchten wir mit euch kurz etwas auf eure Erdgeschichte schauen. Die Geschichte der Erde ist schon sehr alt. Älter, als eure aktuellen Zeitrechnungen bisher erlauben. Doch auch dafür werdet ihr schon in naher Zukunft wundervolle

Indizien finden, die eure selbstgeschriebene Menschheitsgeschichte etwas in Frage stellen werden.

Es gab die Zeiten Lemuriens. Und vor Lemurien schon viele Zeiten wundervoller Hochkulturen, so wie ihr es nennt, ebenfalls. Wesen, die einst reisten von Planeten zu Planeten, von Galaxie-Systemen zu Galaxie-Systemen und von Universen zu Universen. Wesen, die die Formwandlung tief beherrschten und bis heute beherrschen, um so als Reisende durch jegliche Felder der Illusionen (ihr nennt sie Dimensionen), die einst durch das Bewusstsein unser aller kreiert wurden, zu reisen. Sich zu erfahren. Sich zu erkennen. Denn jegliche Dimension beinhaltet eine Form der vorgetäuschten Trennung! Der Trennung von reinem Licht/ Göttlichkeit. Es ist tatsächlich keine wahre Trennung. Denn wir alle sind reines Licht. Du, alle Wesen und Bewusstseinsformen auf Planet Erde und alle Formen des Bewusstseins in allen Feldern der Möglichkeiten. Bis heute und immerwährend fort existiert diese Form des Lebens. Bewusstsein bedeutet fortwährendes Wachstum, Expansion an Erfahrungen. Und diese Gegebenheiten existieren in jeglichen Dimensionen, Zeiten, Räumen, Universen und alles, was bisher aus uns allen als göttliche Kraft erschaffen wurde. Fortwährend.

Doch um wieder auf eure Geschichte der Erde zurück zu kommen: Einst entschieden die Wesen des Universums auf Planet Erde die Erfahrung der „Trennung" auszuprobieren. Was würde wohl passieren, wenn man als göttliches Bewusstsein sich dessen nicht mehr bewusst wäre? Bewusst, dass man göttlich ist? Das man selbst der

Schöpfer aller Manifestationen in jeglicher Beschaffenheit und Größe ist?

Und so kreierte sich auf Planet Erde das "Feld des Vergessens". Da niemand wusste, was genau passieren würde (so wie wir dies übrigens nie wissen, wenn wir als göttliches Kollektiv wieder etwas Neues wie zum Beispiel neue Felder auf anderen Planeten kreieren), wurde beschlossen diesem Feld eine bestimmte zeitliche Frist zu geben. UND damit ein Leben nicht unendlicher Qualen entstehen würde, wurde der sogenannte "Tod" erfunden. Der Prozess des scheinbaren Sterbens, um die selbstkreierte Körpermaterie nach einer bestimmten Zeit wieder loszulassen. Wie gesagt, ihr alle seid Wesen der Wandlung. Euer göttlicher Ursprung liegt darin, eure Form nach eurem Willen und eurer Manifestationskraft zu jedem Moment zu verändern. Bis heute. Und sogar mit menschlichem Körper. Doch wie solltet ihr euch selbst wieder aus der Körpermaterie des aktuell ausgesuchten Momentums (vergangener Leben) befreien, wenn ihr euch dessen nicht mehr bewusst seid, wer ihr wahrhaftig seid? Die „Erfindung Tod" wurde erschaffen, um eine Möglichkeit zu geben, nach geraumer Zeit das „Feld der Trennung" auch wieder verlassen zu können. Und sich im „Jenseits" wieder an seine Wahrheit zu erinnern, um neu und frei die nächste Reise durch die Universen zu kreieren.

Der Tod ist somit nichts anderes, als die Veränderungsmöglichkeit, eine neue Form, ein neues "Spielfeld des Universums" nun wieder zu erfahren. Dieser Aufbau des "Experiments" ermöglichte euch, in kurzen Phasen des Seins in menschlicher Gestalt unterschiedliche Formen der Trennung zu erfahren und auszuprobieren. Bis hin, euch selbst durch eigens kreierte (meist unbewusste) Limitationen in dem Feld des Vergessens und der Trennung sogar neue Formen der Illusion zu kreieren. Was wir alle lernten, ja, wir auch mit euch: Das Feld des Vergessens beinhaltet enorme Formen des Schmerzes und des Leidens. Bedingt durch das Nicht-Erkennens eurer wahren Seinskraft als Gott-Gewahrsein.

Doch gleich, was ihr erfahren habt, und auch erfahren wolltet, es war stets eure freie Entscheidung, euch in dieses Feld einzulassen. Denn selbst wenn ihr das größte Leid erfahren musstet, in den letzten Tausenden von Jahren, so konntet ihr euch gleichzeitig als höchste Kraft und Gottesmacht wiederum genau durch diese extreme Energie der Trennung erfahren. Gleich wie groß euer Leiden war und bis heute ist, so werdet euch bewusst, in wie vielen dieser schmerzvollen Erfahrungen ihr euch selbst durch euren Willen, euer Bewusstsein und euren Mut wieder und wieder befreit habt. Und genau diese Erfahrungen euch nun ermöglichen, tiefer denn je, euch selbst als Gott-Bewusstsein nun das Unmögliche möglich zu machen. Gerade diese euch selbst auferlegte Limitationen, die Trennung zum All-Eins-Bewusstsein, haben euch allen gezeigt, zu was ihr wirklich tief fähig seid. Und ja: alle Wesen, die sich auf diese Erfahrungen eingelassen haben, werden nun noch tiefer denn je eine Explosion des Wachstums in allen Universen und Feldern des Bewusstseins bewirken. Planet Erde ist unter anderem ein Katalysator für alle Felder des Bewusstseins. Denn viele Wesen, viele Formen des Bewusstseins haben euren Planeten in den letzten Jahrtausenden besucht und gelehrt. Zugegebenermaßen, eine harte Schule. Doch wissenschaftlich gesprochen: der Output dieser

Erfahrungen ist für uns alle ein exponentieller Quantensprung! Und ja: Viele haben auf Planet Erde gelehrt und waren Lehrende. Wissen, dass nun in alle Felder des Universums strömen wird, in denen andere Bewusstseinsformen noch tiefe Trennungsfelder erfahren. Wir alle danken euch für euren Mut, eure Kraft und euer tiefstes Vertrauen. Vertrauen in etwas, das für uns selbstverständlich ist, weil wir das All-Eins-Gottbewusstsein des Universums tief immerwährend wahrnehmen. Ihr aber blind vertrauen musstet und bis heute oft noch müsst, auf etwas, das ihr in vielen Phasen eurer Inkarnationen nicht einmal fähig ward zu spüren. Wir ehren euch und danken euch zutiefst.

Doch warum melden wir uns nun bei euch? Wie viele von euch schon spüren und wahrnehmen: Die Energien eures Planeten in dem Dimensionsfeld verändern sich aktuell sehr. In eurer Sprache: Die Schleier des Vergessens lüften sich. Und dies nun seit vielen Jahren schon. Der Hintergrund ist leicht zu erklären: Die ausgemachte Zeit des Vergessens ist in ihren Endzügen. Und dieses tiefe Experiment geht nun seinem Ende entgegen. Alles Wissen, alle Erfahrungen wurden nun gemacht. Würden sich weiter nur in Dauerschleife befinden, aber nun aus göttlicher Sicht so keinem mehr dienlich sein. Daher ist es nun Zeit, wieder in die "Re-Member" Zeit einzutauchen. Eure Zeit des Wiedererinnerns und euch Wiederfindens und -entdeckens. Es ist nun die Hochphase des größten Wandels eingekehrt. Der Hochphase des Erkennens der wahren Dunkelheit und das eben jene nur ein Feld der Trennung, somit eine Illusion der Erfahrung darstellt. Und gleichzeitig ein Erinnern an euren wahren göttlichen Ursprung, ein Reaktivieren eurer „Gott-Sein DNA", eures

„göttlichen Blueprints". Und ein Erkennen eurer wahren Macht und Größe. Einer Macht, die zutiefst eure höchsten Herzensenergie entspringt und euch befähigt, zeit - und raumlos, tiefste Wahrheiten des höchsten Bewusstseins zu kreieren.

Umso mehr freuen wir uns, aus tiefstem Herzen, euch Wesen von Planet Erde, in der Macht höchsten Gott-Gewahrseins und tiefster Liebe nun in diesem Wandel begleiten zu dürfen. Sei es nun in den folgenden 12 heiligen Tagen tiefsten Wandels eures Selbstes, wie auch im Wandel des Loslassens des Vergessens, hin zu eurem puren Lichtbewusstsein in den kommenden Jahren. Es ist uns eine tiefe Ehre, euch nun täglich begleiten zu dürfen, tiefe Impulse aus unserem Wissensschatz der Plejaden und Gestirne des Himmels, wie auch das Wissen des Gott-Bewusstseins an euch weiterzugeben. Und liebevoll miterleben zu dürfen, wie jeder Einzelne von euch sich nun wieder beginnt, tief sich seiner Selbst zu erinnern. Von Herzen Dank an euch alle.

In folgenden 12 Kapiteln möchten wir dich einladen, tief mit uns die „Schleier des Vergessens" zu lüften. Und mit jedem neuen Tag in eine neue Wahrheit des Universums mit uns einzutauchen. Es ist eine 12-Tagesreise tiefster Befreiung deines eigenen Seins durch dein Wiedererkennen und dich selbst Neugebären. Eine Reise mit vielen Tools, die wir dir gerne mitgeben möchten, um endgültig die „Schleier des Vergessens" nun hinter dir zu lassen.

Tag 1 Deine Frequenz kreiert deine Realität

Von Herzen möchten wir euch grüßen aus der Ferne des Universums. Heute ist unser erster gemeinsamer Tag auf der Reise in deine Unendlichkeit. Darum möchten wir dich heute einladen, dich tiefer mit dem Thema "ZEIT" zu beschäftigten. Ein Phänomen, dass in eurem "Feld der Trennung" auf Planet Erde existiert. Jedoch nicht im Universum. Für uns ist Zeit nur ein Wort, dass wir von euch gelernt haben. Ein Phänomen, dass euch ermöglicht, Erfahrungen und Begebenheiten linear zu erfahren. Aus einem "Jetzt" ein "Vorher" und ein "Nachher" zu kreieren. Aus unserer Perspektive existiert Zeit nicht. Auch nicht für Planet Erde, wenn wir eure Reise betrachten. Sondern gleich, was sein möchte, in der Vergangenheit war oder sein wird: es existiert gleichzeitig. In eurer Sprache würde dies bedeuten: Eure Erdgeschichte kreiert sich alles im gleichen Moment: Im Jetzt! Abhängig von euren persönlichen Entscheidungen, die ihr aus dem Jetzt kreiert.

Die Präsenz des Jetzt manifestiert eure Wünsche! So wie auch bei uns! Ihr fragt: „Aber warum kreiert sich dann wieder und wieder dieselbe Erfahrung in meinem Leben?" Als würdest du dich in einem "Dauerloop" aufhalten? Der einzige Grund dafür, ist deine jetzige Frequenzausstrahlung. Und da ihr gerne dazu neigt, "alte" Frequenzausstrahlungen, wie eben die Frequenzen aus vergangenen Erfahrungen, wieder und wieder durch eure Emotionen und Gedanken täglich aufleben zu lassen, verändert ihr nichts an eurer Gesamt-Frequenzausstrahlung. In anderen Worten: Ihr haltet täglich eure Vergangenheit "warm". Und genau darum erlebt ihr sie täglich wieder und wieder. Aus unserer Sicht erscheint es so, als würdet ihr nicht wachsen (wollen). Denn das Festhalten der Vergangenheit verführt euch dazu, immer und immer wieder die gleichen darauffolgenden Gedanken, Emotionen und Muster im Jetzt zu wiederholen. Und so als Dauerloop euch wieder und wieder tatsächlich teils entsetzlichen Schmerzen und Leiden selbst auszusetzten! Schlicht, weil diese Dauerloop nur wieder und wieder dieselbe Realität im Außen, und somit dieselben Erfahrungen, kreieren kann. Aufgrund der Gesetzmäßigkeiten des Universums. Es scheint aus unserer Sicht ein sehr anstrengendes irdisches Phänomen zu sein. Denn in eurem Ursprung, eurem göttlichen Sein, ist es das Natürlichste, durch neue selbst kreierte Erfahrungen, Ideen, Herzensimpulsen und eurer eigenen tiefsten Seelenführung eures höchsten Seins stets zu wachsen. In jedem Moment! Zu expandieren und euch tiefer den je zu entfalten. Euer "Normal" als „Gott-Sein-Bewusstsein" ist es, eure Herzensimpulse tief wahrzunehmen und sofort in Aktion zu gehen. Oder wie die Schriftstellerin gerne sagt: "Impuls-Fingerschnipp-Go"! Und Expansion würde von selbst geschehen!

Doch stattdessen dreht ihr euch über Jahrzehnte, bis manches Mal hin zum Tod, immer wieder und wieder um dieselben schon längst vergangenen Ereignisse. Was wir hier sehen, sind vor allem Ereignisse aus dem „Feld der Trennung". Behaftet von Schmerz, Leid, Groll und Missgunst. Energiefrequenzen, die nur in eurem Feld des Vergessens existieren können, weil ihr vergessen habt, wer ihr wahrhaftig seid. Würdet ihr wahrnehmen, dass ihr göttliche Wesen seid, die tief verbunden mit allen universellen Kräften sind, ebenso immer (selbst im Feld der Trennung) mit der einen Quelle, würdet ihr euch selbst aus euren "Dauerschleifen" sofort befreien können. Denn welchen Sinn ergeben dann noch das Anhaften an Vergangenem oder Emotionen gegen andere oder euch selbst? Wenn ihr selbst wahrnehmen würdet, dass jeder Atemzug eures Lebens die Veränderung auf eine andere Zeitlinie eures physischen Seins beinhalten könnte?

Jeder Moment des Jetzt kreiert unendliche Möglichkeiten der Veränderung. Jeder Moment! Und das Geheimnis dahinter ist: Sobald du beginnst, nur noch aus dem Jetzt zu leben, ja sogar deine Handlungen aus dieser Präsenz zu agieren, wirst du das Phänomen Zeit auflösen. Ja, du hast richtig gelesen: Zeit existiert für dich nur so lange, so lange du aus der Vergangenheit oder Zukunft lebst. Aber nicht aus dem präsenten JETZT! Würdest du aber aus der Aktion der Präsenz agieren, wird diese dich in jedem neuen Moment dazu verführen, dich neu zu definieren. Dich neu zu erfahren. Dich neu auszuprobieren. Und deine Welt aktiv selbst zu kreieren. Denn ist es nicht so, dass ihr schon längst wisst, dass alles, was ihr im Innen kreiert, das Außen lediglich der Spiegel als Reflektion eurer Frequenzausstrahlung ist? In der Theorie wisst ihr um das Phänomen der Frequenzen. Doch in der Praxis haltet ihr steif daran fest, festgefahrenen Muster wieder und wieder täglich durch eure Anhaftungen an die Vergangenheit zu wiederholen. Und euch selbst der Erfahrungen zu berauben, die die Kreation aus dem JETZT dir magisch zeigen möchte. Die Magie der Präsenz würde aber auch bedeuten, einfach deinen Herzensimpulsen zu folgen. Dich auf das Unbekannte „the Unknown" einzulassen. Ohne zu wissen, ob es gut ausgeht! Das ist die Angst, die ihr täglich mit euch herumschleppt. Die euch lähmt, für euch zu gehen. Einfach aus der Präsenz zu agieren. Der

Angst, dem Unbekannten nicht vertrauen zu können. Selbst, wenn eure Herzen schon förmlich danach schreien. Aus Angst, möglicherweise weiteren Schmerz zu erfahren. Denn das ist, was ihr aus der Vergangenheit tief eingeprägt oft mitgenommen habt. Und eure Herzen über die Zeit verstummen ließ. Bis ihr euch selbst nicht mehr spürt.

Was wir sehen ist: Durch das Phänomen der gefühlten Trennung und des Vergessens eures Ursprungs in eurem Feld, ist eure einzige Möglichkeit, euer Leben bisher aus den Erfahrungen wiederum der Vergangenheit zu kreieren. In anderen Worten: Dinge, die gut liefen, und sich für euch zu einer positiven angenehmen Folge-Lebenserfahrung entwickelten, führt ihr weiter fort. Und euer Verstand erzählt euch, dass ihr so sicher seid, vor weiterem Schmerz und Leid. Ein weiterer Grund, warum ihr täglich die gleichen Muster an Erfahrungen und Frequenzwiederholungen zelebriert. Umgekehrt: Erfahrungen, die ihr als unangenehm und schmerzhaft erfahren habt, die meist unberechenbar und plötzlich auftraten, versucht ihr zu vermeiden. Versucht ihr zu umgehen, indem ihr euch erzählt, dieses oder jenes Agieren in Zukunft nicht mehr durchzuführen.

Da Schmerz und Leid in euren Leben meist sehr plötzlich eintritt, ist somit eure logische Schlussfolgerung, dass es sicherer ist, spontane Entscheidungen erst tiefer zu „durchdenken". Und nicht spontan zu agieren. Durchdenken bedeutet aber auch, es zu zerdenken, gleichzeitig alle „worst-case-Szenarien" in euch tief aufzufahren. Und das Resultat ist somit meist, dass ihr nicht das „Neue" wagt. Sondern wiederum lieber das

Vergangene wieder und wieder in ähnlichen Nuancen wiederholt.

Doch wenn ihr nun genau hinschaut, so erbaut ihr euch täglich somit euer eigenes Gefängnis. Das Gefängnis der Vernunft und Sicherheit. Ein Gefängnis der Stagnation und der Wiederholung. Oder um unsere Worte zu verwenden: Das ist die sogenannte „Hölle auf Erden". Ein Wort, dass wir von euch lernen durften: Hölle!

Eine Erscheinung, die es jedoch nicht in den Feldern des Universums des Lichts und bedingungsloser Liebe existiert. Sondern nur ein Phänomen der Trennung ist. Ein Phänomen, dass in Erscheinung tritt, weil ihr durch euer inneres gelähmt und in euch gefangen sein und der stetigen Suche nach Sicherheit begonnen habt, euch selbst Grenzen der Handlungen zu kreieren. Und genau diese Grenzen wiederum halten euch davon ab, aus eurer „Dauerloop des Schmerzes" endlich auszutreten!

Was für ein verheerender Kreislauf wiederkehrender leidvoller Erfahrungen! Die ihr oft tituliert mit dem Wort „Schicksal" oder „Karma". Weitere Worte, die aber nicht in der göttlichen Realität des Universums existieren. Sondern Phänomen, die sich scheinbar unvermeidlich so anfühlen, als müsstet ihr wieder und wieder schlimme Erfahrungen erleiden. Doch einzig durch euer Anhaften an den Frequenzen der Vergangenheit – und das im täglichen Modus- lässt euch tiefe Erfahrungen des Schmerzes wiederholend erfahren. Das ist die wahre Selbstkreation des eigenen „Karmas"!

Wir hoffen zutiefst, dass dich diese Worte nun nicht triggern. Unser Anliegen ist lediglich, dich erkennen zu lassen, wie Dinge in deinem Leben wahrhaftig passieren. Angelehnt an die wahren Gesetze des Universums. Der Sprache der Frequenzen! Und in tiefer Anteilnahme, dass du durch dein eigenes Erkennen der Wahrheit nun tiefer den je für dich in der Lage bist, dich selbst aus dem „Feld der Trennung" zu befreien. Wir lieben dich. Wir sind für dich da.

Kannst du erkennen, wie du selbst wieder und wieder dein eigenes „Schicksal" durch das tägliche Wiederholen der Vergangenheit kreierst?

Kannst du auch verstehen, warum es gerade jetzt in eurer aktuellen Zeitqualität tiefer den je wichtig ist, wieder mehr deine Herzensmagie zu öffnen? Und aus den Impulsen deines höchsten Seins spontan zu agieren?

Wir wissen, das ist für euch ungewohnt. Und verlangt großes Vertrauen. Vertrauen in das Unsichtbare. „The UNKNOWN". Sogar uns zu vertrauen, die die meisten von euch noch nicht sehen und wahrnehmen können. Doch genau darum geht es: Dass du exakt durch dieses Nadelöhr gehst! Dein Leben wieder beginnst zu wagen!

Nicht aus dem Verstand vertrauend, sondern tief der Magie deines Herzens vertrauend. Wir sehen, dieser Schritt ist noch sehr ungewohnt für euch. Umso tiefer die Einladung von uns an dich, diesen Schritt zu wagen. Denn dieser Schritt wird dich in deine vollkommene Präsenz des Jetzt katapultieren!

Und mit der Zeit, Zeit und Raum für dich auflösen! Und auf der Reise dir tiefer den je zeigen, wer du in Wahrheit wirklich bist! Und sogar als kleiner Nebeneffekt, mehr und mehr die Geheimnisse des Universums dir offenbaren!

So lass´ uns nun gemeinsam diesen gigantischen Shift mit dir erleben. Sobald du uns bei dir haben möchtest, lade uns in dein Leben ein und wir unterstützten dich gerne.

Heute möchten wir dich zu einem wundervollen Ritual mit Meditation einladen. Ihr nennt es das „Feuerritual" und wir lieben es. Eine wundervolle Technik, die ihr als Menschheit kreiert habt, um eure Vergangenheit loszulassen und einen Neubeginn zu ermöglichen. Und vor allem in den Zeiten eurer Rauhnächte ein sehr beliebtes Ritual ist.

Doch bevor wir mit dem Ritual beginnen, möchten wir euch einladen, euer Leben kurz selbst zu reflektieren. Sozusagen „Status quo" tiefer zu betrachten.

Diese kleine Selbstreflektion möchte der Schlüssel für mehr Klarheit und Wahrnehmung für dein Leben sein. Ebenso steht hier gerne die Einladung an dich, gerade auch speziell dein nun zu Ende gehendes Jahr in den heiligen Raunächten tiefer anzuschauen. Solltest du das Ritual während des Jahres durchführen, kannst du natürlich auch aus dieser Zeit in das vergangene Jahr rückblickend dich tief einlassen.

Wir möchten dich daher gerne einladen, eine Kerze anzuzünden, es dir gemütlich zu machen und dich auf folgende Fragen tief einzulassen. Bitte schreibe alle

Antworten für dich auf. Solltest du spüren, dass während dieser Reflektion schon Emotionen, Ereignisse und Menschen auftauchen, die du gerne loslassen möchtest, so schreibe diese bitte auf ein Extrablatt auf mit folgender Überschrift: „Ich lasse los:"

Dieses Blatt werden wir etwas später dem Feuerritual übergeben.

Folgende Fragen nun für dich zur Selbstreflektion:

„Wo stehst du gerade in deinem Leben?"

„Was zeigt sich gerade in deinem Leben zur aktuellen Zeitqualität?"

"Was in deinem aktuellen Leben liebst du?"

„Welche Begebenheiten in deinem aktuellen Leben tun dir weniger gut, verletzen dich vielleicht, oder möchtest du gerne loslassen?"

„Welche Dauerloops in deinem Leben kannst du nun nach diesen letzten Erkenntnissen gerade erkennen?"

„Bist du bereit, aus den Dauerloops deines Lebens nun auszubrechen?"

„In der Vorstellung: Jeder Moment hat die unendliche Möglichkeit, dein gesamtes Leben sofort zu verändern: Wie möchte die Veränderung in physischer Realität aussehen, wie möchte sie sich anfühlen und erfahren werden, die du dir tiefsten Herzens wünschst?"

"Was ist aufgrund deiner Wünsche und Vorstellungen nun dran, aus der "scheinbaren" Vergangenheit loszulassen, um dein aktuelles Leben in deinen Traum umzukreieren?"

"Bist du bereit, auch den Schmerz der Vergangenheit zu heilen, und zu erkennen, dass es einer Erfahrung diente, um ihn dann aus deiner "Dauerschleife" loszulassen? Wenn ja, welche tiefe Themen dürfen heute in dir heilen?"

"Welche Perlen kannst du aus diesen (auch schmerzhaften Erfahrungen) für dich mitnehmen? Welche tiefen Veränderungen / Shifts in deinem Leben haben sie bewirkt? Vielleicht dich sogar zu dem wundervollen starken Menschen gemacht, der du heute bist?"

„Wer bist du heute, gerade aus dem Schatz deiner Erfahrungen der Vergangenheit? Wer, kannst du nur heute sein, genau aus diesen Erfahrungen betrachtet. Und wärst du sonst nicht?"

(Anmerkung: Jede Schattenseite hat auch viel Gutes in sich. Doch oft könnt ihr dies nicht erkennen, durch eure "Anhaftungen an euren tiefen Schmerz". Wir fühlen euch. Wir sehen euer Leiden zutiefst. Doch gleichzeitig möchten wir euch mehr denn je einladen, eure Erfahrungen als genau diese zu erkennen. Als Erfahrungen! Um in die Präsenz des Jetzt, und somit eurer wahren Schöpferkraft, einzutauchen.

Wir wissen, diese Emotionen sind scheinbar nicht löschbar in eurer Erinnerung! Aber stelle dir vor, was für dich möglich wäre, wenn du mit der Zeit die emotionale „Trigger-Power" und fokussierte Energielenkung von gerade weniger schönen Erfahrungen nun loslassen könntest. Um das Portal aus der „Dauerschleife des Leidens" zu durchbrechen. Denn solange euer energetischer Fokus auf die Vergangenheit weiter ausgerichtet ist, wird sie weiter im Jetzt als Frequenzband existieren und sich täglich als Dauerschleife wieder und wieder kreieren.

Wir wissen, wir verlangen hier sehr viel von euch. So nimm´ dir tief die Zeit dafür, die es einfach braucht. Um die "Anhaftung" eurer Gefühle und Gedanken nun zu lösen. Um euch so selbst aus dem „Feld der Trennung" auf diese Weise zu befreien! Denn sobald ihr erkennt, dass all´ dies nur eine Erfahrung ist, sogar aus eurem höchsten Wohle (von euch selbst) kreiert, werden sich die Schleier des Vergessens nicht mehr halten können. Das ist das Momentum, aus dem ihr euch selbst beginnt, aus den „Feldern der Zeit und des Raums", wie auch diesem „Feld der Trennung" zu befreien. Und nur ihr selbst könnt euch daraus befreien. Denn das ist euer Weg der Meisterschaft. Für dir ihr einst inkarniert seid. Der Meisterschaft, das „Feld der Trennung", der Dualität und des Vergessens selbst zu erfahren, zu erkennen und wieder im Licht bewusst zurückzukommen!

Und so dieses Buch dich gefunden hat, kannst du davon ausgehen, dass du für den Schritt deiner bewussten Meisterschaft nun bereit bist!

Wir fühlen auch, dass das Loslassen der Vergangenheit für euch nicht immer sehr einfach ist. Daher möchten wir dich nun einladen, nach Beantworten der Fragen mit folgender Meditation „Feuerritual" das Ritual zu beginnen.

In der Meditation möchten wir dich zu tiefer Reflektion, aber auch höchster Heilung, Loslassen und des Erkennens deiner höchsten Wahrheit begleiten. Wenn du magst, zünde während der Meditation gerne eine Kerze und Räucherwerk an. Gerne bei einer wohligen Tasse Tee oder Kakao.

Die Meditation „Feuerritual" findest du unter folgendem Link als Download:

****

Meditation „Feuerritual"

Download:
https://ruthverenaweber.tentary.com/p/KcLf2e

Code: Starbeing

****

Gerne führe die Meditation auch über das Jahr sooft wie du möchtest durch. Je tiefer deine Vergangenheit heilen wird, desto freier wirst du werden und in deiner „Jetzt-Präsenz" ankommen.

Abschließend möchten wir dich einladen, ein leeres Blatt zu nehmen mit der Überschrift:

„Das möchte ich loslassen:"

Und auf dieses Blatt schreibst du nun alle Erfahrungen, Themen, Menschen, Begebenheiten, …, die du nun aus tiefstem Herzen vollkommen loslassen möchtest. Lasse dir für diesen Moment allen Raum. Vielleicht bei Musik und Kerzenschein? Was ist es, was dir bis heute vielleicht sogar dein Leben schwer macht? Du aber nun tief in dir spürst, es ist nun Zeit, es loszulassen. So lasse es los!

In diesem Ritual gibt es kein richtig oder falsch. Oder ein „das macht man nicht" oder „das darf man nicht".

Sondern alles ist erlaubt. Es ist dein Leben. Erinnere dich! Nichts und niemand hat das Recht, dir vorzuschreiben, wie du es führen solltest.

Daher verbinde dich nun zutiefst mit deiner Herzensmagie und spüre in dich:

„Was bist du bereit, nun vollkommen loszulassen?"

„Was ist nun bereit, aus deinem Leben gehen zu wollen?"

Schreibe alles auf, was du gerade in dir spürst. Danach gehe nach draußen. Suche dir eine feuergeschützte Stelle (hier bitte in vollkommener Eigenverantwortung agieren!). Nimm´ dir eine Feuerschale oder etwas Gleichwertiges.

Verbinde dich nochmals kurz mit allem, was du loslassen möchtest. Bedanke dich dafür. Und dann entzünde deinen beschriebenen „Losslass -Brief" an dem feuersicheren Ort deiner Wahl.

Spüre während des Verbrennens tief in dich. Spüre, wie alles leichter wird. Spüre, wie du leichter wirst. Wenn du magst, schüttele dich nach dem Verbrennen des Briefes und lasse all´ diese alten Energien wahrhaftig auf all´

deinen Ebenen los! Schüttele deinen ganzen Körper und befreie dich auf allen Ebenen deines Seins nun auch physisch vollkommen davon.

Dann spüre in dich:

„Wie geht es dir nun?"

„Was hat sich in dir vielleicht schon verändert?"

„Spürst du, wie alles wieder hell und leicht wird? Und sich das Feld der unendlichen Möglichkeiten wieder tief für dich öffnet?"

„Was ist für dich möglich, wenn möglicherweise dein tiefster Schmerz das Portal zu deinem höchsten Erwachen war, um ab heute deiner höchsten Wahrheit tief zu begegnen?"

Genieße diesen Moment noch eine Weile für dich. Lass´ tief zu dir strömen, was zu dir möchte. Und öffne dich dem Feld der unendlichen kosmischen Möglichkeiten.

Wir freuen uns, dich in deinem tiefsten inneren „Zuhause" wieder begrüßen zu dürfen.

Tag 2 Ein Seelenplan existiert nicht!

Morgendämmerung. Die Nebel fließen sanft über den See. Ein leichter Wind weht durch das Tal. Die Bäume singen zum Wind in der Stille. Alles scheint still und doch gleichzeitig spürst du, wie unsichtbar um dich das wahre Leben pulsiert. Die Bäume, Ahnen der Vergangenheit. Sie erzählen dir die Sagen aus längst vergangenen Tagen. Das Wasser, still und tief und doch gleichzeitig Träger höchsten Wissens des Kosmos. Verbunden mit dem Strom des All-Eins. Ein Knistern neben dir. Ein Schatten als würde etwas an dir durchhuschen. Naturwesen? Elementarwesen? Engelswesen? Mystische Wesen? Vielleicht Wesen ferner Planeten und Heimatsorte des Kosmos? Du spürst um dich das lebendige Licht. Und gleichzeitig ist es doch nicht greifbar. Scheint es gleichzeitig Surreal. Nicht von dieser Welt. Nicht als Realität sichtbar. Und zugleich ist es doch mehr die Wahrheit des Kosmos, als alles, was ihr bisher mit eurem Verstand erfassen vermögt. Oder eure Wissenschaft beweisen kann.

Der Kosmos ist pulsierendes Leben. Jedes noch so kleine Bewusstsein ist vollkommene Verschmelzung mit dem göttlichen Strömen aller Existenz. Jeder Lichtfunke pures Gott-Gewahrsein. Ein Strömen und Fließen in unterschiedliche Formen an Existenz und einzigartigem Ausdruck. Alles Bewusstsein lässt sich fallen in die Weiten der Unendlichkeit. Pulsiert im eigenen Rhythmus seines Seins. Seiner Einzigartigkeit. Und ist gleichzeitig eins mit „Allem-was-existiert". Die Ausdehnung jeder

Einzigartigkeit ist wiederum pures Wachstum. Der Ausdruck in unterschiedlicher Form und Materie pure Magie der eigenen Entfaltung des eigenen Gott-Gewahrseins. Pure Expansion der Göttlichkeit in purer Wholeness (Ganzheit). Ausdehnung, Wachstum... alles passiert im Pulsieren des Universums. Ausdehnen, Zusammenziehen, Ausdehnen....

Und du wundervolles Wesen bist Teil dieser Unendlichkeit. Teil der Ausdehnung. Mitschöpfer der Expansion und des Wachstums des Kosmos. Gleichzeitig mitkreierend durch das Erfahren deiner Einzigartigkeit. In jedem Moment deines Seins. Lass´ dich fallen! Lass´ dich fallen in das Pulsieren. In den Fluid der Veränderung. In die „großen Hände" purer Geborgenheit des Universums. Bist du dir dessen bewusst, welch´ wichtiger Part du erfüllst?

Wann bist auch du bereit, dich in den Rhythmus des Kosmos fallen zu lassen? Dich fließen zu lassen? Der Fluss deines Lebens selbst zu werden? Und in diesem Fließen deine eigene Einzigartigkeit tief zu erkennen.

Wann bist du bereit, nicht mehr „dagegen" zu arbeiten? „Gegen" dich zu agieren. „Gegen" die Wahrheit des Universums, dich versuchen, weiter zu wehren? Indem du versuchst äußeren scheinbar existierenden Regeln der Gesellschaft oder deines Umfelds dich immer wieder und wieder anzupassen. Und dich selbst dabei zu vergessen. Dich und deine höchsten Wünsche.

Das Universum ist Fülle. Unendliche Fülle der Expansion. Nichts, was es nicht gibt. Und sollte etwas noch nicht existieren, so bist du nun vielleicht die erschaffende Kraft des „Etwas" in purer Ekstase.

Spürst du tief in dir das Beben? Das Pulsieren der Unendlichkeit? Den Ruf purer Wahrheit? Wie lange möchtest du deinen höchsten Ruf noch ignorieren? Weiter dich durch Anpassung und scheinbare gesellschaftliche Normen klein halten?

Das meinen wir, wenn wir dich fragen, ob du bereit bist, ab heute nicht mehr gegen dich zu arbeiten. Anstatt nach Außen zu schauen, schaue nach Innen und werde dir gewahr, was du wirklich durch dein Sein zum Ausdruck bringen möchtest. Und schenke deiner inneren Kämpferin tiefe Ruhe.

Spürst du, wie es dich zieht, wie es dich immer wieder und wieder ruft, dich auf dieses „Unknown" endlich einzulassen. Wie es dich zieht, einfach zu vertrauen und dich nun fallen zu lassen?

Du bist niemals alleine. Wir sind alle da. Wissen um deine Pläne. Wissen um deinen tiefsten Ruf. Kannst du ihn auch selbst wahrnehmen?

Kannst du diese tiefe Sehnsucht in deiner Brust spüren, dass das, was du bisher im Leben schon lebst, noch nicht alles gewesen sein kann? Und vielleicht fragst du dich, wofür du wahrhaftig inkarniert bist? Doch wenn du ehrlich mit dir bist, weißt du es schon längst. Spürst du schon längst in dir, wofür du wahrhaftig auf Planet Erde inkarniert bist. Bist du nun bereit, deinem Herzensruf, entsprungen aus deinem höchsten Sein, endlich Raum zu geben? Ihn pur zu leben? Zu wagen, anstatt weiter nur zu träumen und dich von deiner Sehnsucht verzehren zu lassen?

Wie lange möchtest du noch das Leben der anderen und ihren Erwartungen leben? Anstatt deines?

Wir wissen, das Neue, der Wandel, die Zeit, die nun auf euch zukommt scheint euch sehr unsicher. Scheint euch manches Mal, wie nicht zu durchschauen.

Doch Fakt ist: Das Universum ist nicht kompliziert, sondern sehr einfach aufgebaut. Wie schon an Tag 1 erwähnt: „Impuls- Fingerschnipp-Go!" Und die Welt liegt dir zu Füßen. Sprich: Alles, was du tief wünscht, tief in dieser deiner Inkarnation erfahren möchtest, wird somit Realität. Denn alles, was für dich ist, wird sowieso in dein Feld kommen! Und alles, was du wahrnehmen kannst, ist schon das, was für dich ist! Ist das nicht verrückt?

Das einzige, was dich davon abhält SOFORT dein Traumleben zu leben, bist du selbst.

Der größte Punkt darin ist Vertrauen. Vertrauen in dich selbst. Vertrauen in das Universum. Nicht-Vertrauen wie Angst, Zweifel und Gefühle des Klein-Machens lassen dich zögern. Im Außen, aber vor allem tief in dir. Bis du alles in Frage stellst. Bist du dich so sehr hinterfragst, dass die Magie des Moments verloschen ist. Bis hin zu, dass du wieder nicht wagst. Wieder nicht dein Leben nach deinen Bedingungen veränderst.

Sooft sucht ihr euren „Seelenweg". Stellt euch und uns (als universelles Kollektiv) immer wieder und wieder die Frage nach eurem Seelenweg. Nach eurer Bestimmung.

Wollt jede Frage erst klar beantwortet haben. Mit klarer Anleitung und Struktur des Plans dieses scheinbaren Weges und den einzelnen Schritten hin zu euren ersten „Zielen".

Doch was, wenn es darum in dieser Inkarnation gar nicht geht? Was, wenn dein „Seelenplan" nicht als vorgefertigte Anleitung existiert? Was, wenn ein Plan sogar die ganze Magie des Universums vernichten würde? Denn würdest du dann nicht erwarten, dass es genau so abläuft, wie dir gesagt wurde? Vielleicht würde dir das Sicherheit geben. Genau jene Form der Emotion, die dir helfen würde, dich fallen zu lassen, in die Wogen des Universums!

Frage dich: Wäre dein Leben dann nicht langweilig? Eine Abfolge an Aneinander- Reihungen schon bekannter Ereignisse!

Genau darum gibt es keinen Plan für dich! Wir wissen, das klingt nun sehr verrückt! Denn ist es nicht das, wonach alle Wesen von Planet Erde immer trachten? Um des höheren Sinnes wegen? Und viele Zeiten eures Lebens in der Suche nach einem solchen Plan vergeblich damit verbringt, ihn im Detail zu finden?

Ja, es gibt gewisse „Eckdaten". Menschen zum Beispiel, mit denen du für diese Inkarnation verabredet bist. Doch gleich was du tun wirst, ihr werde euch im richtigen Moment begegnen!

Alles, was dir bestimmt ist oder anders gesagt: du schon vor deiner jetzigen Inkarnation arrangiert hast, wird geschehen. Alles andere ist deine freie Entscheidung. Deine Freiheit deines Kreierens, wie du dein Leben wahrhaftig leben möchtest. Mit der Energie, dass du auch Entscheidungen in jedem Moment wieder neu definieren kannst!

Das Universum ist ein Fluid. Ein Fließen und Erfahren. Du bist das Abbild des Universums. Ein Fluid deines Seins. So erlaube dir tiefer denn je ab heute zu fließen. Dich auf das Leben einzulassen. Nichts zu erwarten und gleichzeitig die Magie des Lebens pur zu empfangen.

Deinem Herzen zu folgen, gleich wie wirr und unkontrolliert die Impulse erscheinen mögen. Doch es werden genau diese Impulse sein, die dich zu den magischsten Begegnungen und Orten deiner Herzensreise führen werden.

Ist es nicht die Erfahrung dieser Inkarnation, weshalb du überhaupt inkarniert bist? Warum dann nur ein Stückchen des leckeren Kuchens dieses „Erdenspiels" vernaschen, wenn du doch den ganzen Kuchen als Dein nehmen darfst?

Was wir damit sagen möchten:

Wir laden dich ein, nicht länger an Dingen festzuhalten, Begebenheiten hinzunehmen oder sogar Situationen „auszuhalten", die dir nicht dienlich sind. Die nicht deine sind, nur weil du nett und brav sein möchtest. Oder noch dem Glauben verfallen bist, dass sie zu deinem „Plan" gehören! Du bist inkarniert, um in dieser Inkarnation

Neues auszuprobieren und als Abenteurer die Welt mit deinen Sinnen neu zu erforschen. Deinen eigenen Herzensregeln zu folgen und dich zu erinnern: Es ist das sicherstes im Universum, sich in das Universum fallen zu lassen. Denn es wird dich tragen! Und mit dir gemeinsam „zusammenarbeiten". Als Team an deiner Seite. Um dir alle Wünsche deines Lebens tief zu erfüllen.

Du musst nicht wissen „wie" die Dinge funktionieren. Denn das ist die Aufgabe des Universums. Und allen Wesen deines Kollektivs um dich, die mit dir gemeinsam „arbeiten", zur Erfüllung deiner Seelenwünsche.

Deine Aufgabe ist es, dein Herz wieder weit zu öffnen, in die Stille deiner höchsten Seelenmagie einzutauchen und die Botschaften deines höchsten Seins zu empfangen. Und aus dem Empfangen durch tiefstes Vertrauen in dich und das Universum, deine Visionen zu physischer Realität für alle werden zu lassen. Tauche ein in das Pulsieren des Universums. Werde dir wieder bewusst, dass du Teil dessen bist. Und aus dieser „Wholeness" (Gesamtheit) gemeinsam mit allem Bewusstsein dein einzigartiges Sein zum Ausdruck (in diesem Fall aktuell auf Planet Erde) bringen wirst, wie auch Co-Creator jeglicher Expansion des Universums durch dein Sein einfach bist. Du bist und warst schon immer genug. Du bist ein göttlicher Funke höchsten Bewusstseins. Göttlicher Ausdruck des höchsten Plans. (der keiner ist, da der einzige Plan, der existiert, ist Expansion!)

Daher mögen wir dich heute nun zu folgenden Fragen einladen. Fragen, die dich wieder in deine ganz eigene

Freiheit deines „Schöpfer-Seins" zurückführen möchten. Und dich tief in dir selbst erkennen lassen, dass du den „Lebenskampf" und „deinen Seelenplan" ab heute vollkommen fallen lassen darfst. Und dir genau dieses Fallen lassen helfen wird, dich tiefer den je dir selbst und dem Universum wieder zu vertrauen. Dies sind die wahren Schlüssel, die dir ab heute das Gefühl purer Geborgenheit und dem Gefühl höchster Sicherheit im Leben schenken werden!

Folgende Fragen nun für dich:

„Bist du noch im Kampf-Modus?"

„Bist du bereit, deiner inneren Kämpferin zu erlauben, sich zur Ruhe zu begeben? Und anstatt dessen der inneren Magierin nun Raum zu geben?"

„Bist du müde nach der Suche nach deinem perfekten Seelenplan?"

„Welche Freiheiten sind nun wieder möglich, wenn du deinen Seelenplan ab heute nicht mehr suchen musst? Und dich stattdessen in den „Fluid der Freude" fallen lassen kannst?"

„Was möchtest du in dieser Inkarnation wahrhaftig erfahren?"

„Welche Visionen hast du schon in physischer Realität kreiert?"

„Welche Visionen schlummern noch in dir und du möchtest sie zutiefst erfahren?"

„Was hält dich bis heute davon ab, für deine Visionen zu gehen?"

„Bist du bereit, dich vollkommen in die Unendlichkeit des Universums fallen zu lassen?"

„Wovor hast du noch Angst? Und vertraust der Angst mehr als deinem Herzen?"

„Welche Ursache verbirgt sich hinter deiner Angst?" *Oder anders gefragt: „Was braucht es im Jetzt, dass du dich sicher fühlst, dich nun in vollkommenem Vertrauen in das Universum fallen zu lassen?"*

„Bist du bereit, die Frage des „Wie" loszulassen und dich nur noch auf die Energie deines Wunsches und deiner Visionen zu fokussieren?"

Erinnere dich: Du bist der Magier/ die Magierin deines Lebens. Du bist der/die SchöpferIn deines eigenen Lebens. In jedem Moment. Das ist die Freiheit deines Gott-Gewahrseins. Bist du bereit, nun wieder vollkommen in dieser Magie einzutauchen und dir selbst den „Himmel auf Erden" zu kreieren?

Dann lass´ uns gerne gemeinsam ab heute darin eintauchen. Deine heutige Einladung mag sein, über folgende tiefe Meditation deine höchsten Seelenwünsche und Visionen, die für die kommende Zeit aktuell sein mögen, zugeflüstert zu bekommen. Diese Meditation ist das Portal, dich wieder vollkommen mit deinem höchsten Sein zu verbinden. Und dich wieder vollkommen als magisches Wesen zu spüren. Um aus diesen Impulsen deiner höchsten Magie anschließend zu beginnen, dein „neues Sein" zu verkörpern. Du wirst erfahren, dass wahrhaftig alles Bewusstsein ist. Und du selbst in dieser unendlichen Verschmelzung mit allem Bewusstsein deine pure Einzigartigkeit erkennen kannst.

Wenn du weißt, wer du wahrhaftig bist, wirst du „wissen", was wahrhaft deine nächsten Schritte sein mögen. Es sind keine Schritte mehr aus dem Verstand. Sondern Schritte aus deiner höchsten Herzensmagie aus der puren Lebensfreude heraus. Es sind Möglichkeiten, die sich dir nun zeigen werden. Möglichkeiten für dein Jetzt! Möglichkeiten, die auch gerne im nächsten „Jetzt" sich wieder ganz neu formieren können. Denn wie gesagt: Alles ist im Fluid! Und du bist Meister im Beherrschen des Fluids! Was bedeutet: Es ist immer alles für dich! Und doch sei du das Bewusstsein, das aus dieser Fülle stets frei wählt! Bist du bereit, dich in den Fülle-Fluid des Universums fallen zu lassen, und dir ab heute frei dein einzigartiges Leben selbst zu kreieren?

Viel Freude auf deiner magischen Seelenreise. Gerne lege noch Stift und Papier beiseite, um später alle Impulse deines höchsten Seins aufzuschreiben. Wenn du magst, gerne bei einer Tasse Tee oder Kakao.

Die Meditation „Seelenwünsche deiner MagierIn" findest du unter folgendem Link als Download:

****

Meditation „Seelenwünsche deiner inneren MagierIn"

Download:
https://ruthverenaweber.tentary.com/p/KcLf2e

Code: Starbeing

****

Auch bei dieser Meditation möchte unserer Einladung an dich gerne sein, sie sooft du möchtest für dich durchzuführen. Denn Ziele und Wünsche verändern sich im Leben. Und mit jeder neuen Erfahrung wird sich auch deine Ausrichtung deiner tiefsten Seelenwünsche mitverändern.

Halte also an nichts fest! Was du einst geträumt, muss heute nicht mehr stimmig sein. Stattdessen erlaube dir stets frei, jeden Moment deines Lebens, wieder frei neu wählen zu dürfen!

Das ist die wahre Freiheit, die in jedem von euch steckt! Lasse sie nicht weiter im Verborgenen schlummern! Sondern tauche tief in die Freuden des Lebens ein! Planet Erde ist ein unendliches Feld an Möglichkeiten, die nur so auf dich warten, von dir ausprobiert und mitkreiert zu werden.

Tag 3 Du bist niemals alleine

Heute möchten wir dich tief einladen, in unseren Kreis des Lichtes und der Ewigkeit wieder bewusst einzukehren. Den Kreis des kosmischen Gewahrseins. Und so es auch dein Wunsch sein möchte, wieder tief auf telepathische Art und Weise mit uns zusammen zu arbeiten. Speziell heute möchte es darum gehen, dass du vor allem dein geistiges Team, deine geistigen Wegbegleiter kennenlernen kannst. Denn wie schon zuvor beschrieben: Du bist niemals alleine!

Die Frage ist mehr, wie weit hast du uns in deiner Vergangenheit schon wahrnehmen können? Doch sei dir dessen gewiss: Gleich ob du uns wahrnehmen kannst oder nicht: Du reist niemals alleine durch den kosmischen Puls von Raum und Zeit. Selbst, wenn du, aufgrund des „Feldes der Trennung", uns nicht wahrnehmen kannst.

Vielleicht zuerst einige Worte als Hintergrunds-Wissen:

Wenn ein Wesen in einem neuen Feld der Erfahrungen inkarniert, wird zuvor bestimmt, wer auf der geistigen Ebene die Begleitung sein wird. Felder der Erfahrungen, so nennen wir all' die unendlichen „Räume", „Realitäten" und „Dimensionen" der unterschiedlichen Universen hier im gesamten Kosmos. Ihre Zahl ist unergründlich. Doch gleich, in welchem Feld der Erfahrung eine Seele in Form reinen Bewusstseins landet, gilt es dort, neue Erfahrungen, neue Möglichkeiten und neue eigene Kreationen zu meistern. Was wir jedoch nie wissen, ist, inwiefern sich das ausgewählte Seelenbewusstsein dort wohlfühlt. Oder die zu erfahrenen Begebenheiten vor Ort aufnimmt. Oder tief damit umgehen kann. Denn wie gesagt: Jede Form der Realität ist eine neue Möglichkeit, weitere Erfahrungen zu machen! Die man eben zuvor noch nicht gemacht hat! Darum gibt es im Hintergrund stets ein Team. Ein auserwähltes Team unterschiedlicher Wesenheiten (um eure Worte zu verwenden), die dem Reisenden durch Raum und Zeit zur Seite stehen.

Bevor eine Inkarnation kreiert wird, werden auch verschiedene Absprachen mit dem Team getroffen. In eurem Falle sind es Absprachen wie, der Zeitpunkt des Todes. Oder auch, welche Begegnungen ihr zu Lebzeiten mit verschiedenen Seelen machen möchtet. Unsere Aufgabe ist es dann, alles dafür zu ermöglichen, zum bestmöglichsten Zeitpunkt die Begegnungen physische Realität werden zu lassen. Gleichzeitig begleitet dein Team dich dann auch während deiner Inkarnation. Wir lesen sozusagen deine Wünsche auf „frequenzisch" ab. Was immer du möchtest, können wir weniger anhand deiner Worte wahrnehmen, wenngleich wir diese verstehen. Denn das sind die Vorteile der telepathischen Kommunikation. Viel entscheidender ist jedoch das Aussenden deiner Frequenzen. Wie gesagt, das Universum ist codiert durch Frequenzen. Manche ziehen sich magisch an, manche stoßen sich wild auseinander. Und dazwischen befindet sich ein wildes Feld unendlicher Möglichkeiten an Kombinationen.

Doch gleich, welche Worte du sagst, so ist es die Energie, oder besser gesagt, die Frequenzsprache, die du aussendest. Und gleich, was du aussendest, so werden wir als kosmisches Bewusstsein dir sofort durch eine physische Realität antworten. Im Grunde ohne Zeitverzögerung. Wobei hier das „wir" bedeutet, dass der gesamte Kosmos mit dir interagiert, nicht nur eine ausgewählte Gruppe an Wesenheiten.

Vielleicht hast du dich schon gefragt, warum daher nicht jeder deiner Wünsche in Erfüllung geht? Oder Wünsche sogar in genau entgegengesetzter Form wahr werden? Oder du über lange Zeit auf die Erfüllung deiner Wünsche warten musst?

Es ist deine Frequenz, die du aussendest: Nehmen wir als Beispiel das Thema „Geld":

Wenn du z.B. Angst hast, dein Geld zu verlieren, aber die gesamte Zeit deines Seins damit verbringst, Angst vor Geldverlust zu haben, anstatt die Frequenz puren Empfangens und Vertrauens auszusenden, so wirst du sehr wahrscheinlich die Angst manifestieren. Und das Geld verlieren!

Für uns ist nicht entscheidend, wie aktuell deine physische Realität aussieht. Sie ist wie gesagt nur der Spiegel deines tiefsten Seins. Das Universum, wie auch jeder einzelne von deinem Team, reagiert ausschließlich auf deine Frequenzen deines Momentums, deinem aktuellen Ist-Zustand. Selbst, wenn du gerade kein Geld besitzen solltest, aber gleichzeitig beginnst in vollkommenem Vertrauen zu agieren, dass Geld in unendlicher Fülle in dein Leben strömt, so wird es passieren! Das ist das Gesetz!

Wir sehen durchaus, dass eure Schwierigkeit darin liegt, nicht nur die physische Realität als einzige Realität zu akzeptieren. Vielmehr ist die physische Realität wahrhaftig nur das Abbild deiner Frequenzen. Ein Abbild, dass sich zu jederzeit sofort verändern kann! Und es ist in diesem Sinne gar keine Wahrheit oder Realität! Sondern du kreierst „Non-Stopp" Felder der Illusion, die sich für dein physisches Auge als physische Realität zeigen. Durchaus auch sehr echt und fühlbar, ganz ohne Zweifel.

Was wir dir hier sagen möchten ist, dass einzig deine Frequenz deine Realität kreiert. Und du als SchöpferIn somit von einem Moment zum anderen dein gesamtes Leben SOFORT verändern könntest!

Wir, als dein geistiges Team, warten schon gespannt auf deine neusten Frequenzen, um dir die schönste physische Realität auf Erden SOFORT zu „liefern"!

Natürlich interagieren wir auch mit deinen Frequenzen in einem zarten Maße, selbst wenn du dir noch nicht bewusst bist, wer alles als geistige Begleitung für dich da ist. Doch warum dann nicht endlich bewusst dein geistiges Team kennenlernen?

Wir möchten dir eine „Gegenfrage" stellen: „Wie oft hast du dich in deinem Leben schon einsam und alleine gefühlt?" „Wie oft hattest du schon das Gefühl, du musst alles alleine meistern? Gerade in den Zeiten, in der das Leben gefühlt „gegen" dich agierte!

Wir waren stets an deiner Seite. Wir haben durch unsere Mittel der Wahl dir stets Zeichen gesendet. Sei es eine Engelswolke, ein Herz auf der anderen Straßenseite oder Menschen in deinem Feld, die wie verkörperte Engel aus dem Nichts plötzlich für dich da waren. Kannst du dich vielleicht noch an solche Momente aus deiner Vergangenheit erinnern?

Doch wieviel einfacher wäre es, wenn wir gemeinsam über eine Form der Kommunikation miteinander agieren könnten?

Was immer du wissen möchtest, so könnten wir dir direkt antworten! Könnten dir zutiefst sagen, wie der leichteste Weg für deine nächsten Schritte sein könnte. Die Freiheit ob du danach handelst oder nicht, wird immer bei dir liegen! Und wir werden darin niemals eingreifen!

Doch anstatt z.B. mit viel Schmerz und Verzweiflung dein Herzensbusiness aufzubauen, könnten wir dir die „Abkürzung" zuflüstern. Und du würdest in „Quantum Leaps" dein Traumleben wahrhaftig selbst manifestieren können.

Zugegeben, so du noch bisher nicht mit uns telepathisch kommunizierst, so wird es zu Beginn etwas „Arbeit" und „Übung" deinerseits benötigen, um dich in die telepathische Kommunikation einzustimmen. (Kurse über das Erlernen vom Channeln und der Herztelepathie findest du auf folgender Website: *www.reconnectbeyond.com*)

Doch spüre heute tief in dich, wieviel leichter dein Leben plötzlich sein könnte, wenn du dich wieder tief mit deinem geistigen Team verbinden könntest. Und nicht nur mit diesem, sondern wenn du magst, mit allem Bewusstsein des Kosmos! Und wir mit dir so gemeinsam definitiv deine Tore in das tiefste Vertrauen des „UNKNOWN" wahrhaftig öffnen könnten.

Spüre hier gerne noch weiter: Was wäre noch alles dadurch für dein Leben und das Leben vieler Menschen plötzlich wieder möglich? Was glaubst du, wie schnell sich der „Schleier des Vergessens" und das „Feld der Trennung" somit, sich dann auflösen würden? Energiefrequenzen von Angst, Trennung, Limitationen und Schmerz würden sich in Windeseile einfach auflösen!

Denn durch die überdimensionale Kommunikation würdet ihr als Mensch-Bewusstsein erkennen, dass ihr niemals in Trennung ward und wir schon immer als göttliches Kollektiv des Universums in purer Verschmelzung miteinander agiert haben.

Daher möchten wir dich heute gerne zu folgenden Fragen einladen. Fragen, die wieder dein Vertrauen in das „Unsichtbare" erwecken dürfen. Fragen, die dir selbst erlauben, in freier Wahl tiefer denn je, durch die Begegnung und das Erkennen aller miteinander wirkenden Kräfte, deine wahre Einzigartigkeit mehr denn je nun wieder zu entfalten. Fragen, die dich spüren lassen, dass du wirklich stets beschützt und niemals alleine warst.

Mögen dir diese Fragen helfen, dich nun wieder tiefer den je an das kosmische Spiel aller Wesen zu erinnern und wieder bewusst Teil dessen zu werden.

Was machen folgende Fragen nun mit dir? Lasse dich gerne tief auf sie ein. Wenn du magst, schreibe sie gerne in dein Rauhnachts-Journal. Wer weiß, wann immer sie wieder zu dir als Antworten des Lebens zu dir kommen mögen.

Folgend nun die Fragen für dein Herzensöffnen und das Empfangen des Unsichtbaren:

„Bist du offen, uns, dein geistiges Team, kennenzulernen?"

„Bist du offen, mit uns gemeinsam zu agieren? Du auf Planet Erde mit uns als dein kosmisches Team im Universum an deiner Seite?"

„Würde es dir Freude machen, durch unsere Zusammenarbeit in Quantum Leaps dein Leben zu verändern?"

„Bist du bereit, die Sprache der Frequenzen von uns so zu erlernen, dass sie wirklich deine Herzenswünsche manifestieren?"

„Wir hören dich: Welche Fragen hast du schon gleich an uns? Gib' sie gerne an uns weiter und wir werden dir antworten auf die Weise, in der du die Antworten schon jetzt empfangen kannst."

„Bist du bereit, das „Feld der Trennung" loszulassen? Um im vollen Bewusstsein wieder mit uns gemeinsam vereint das Licht im Kosmos erstrahlen zu lassen?"

„Wenn alles für dich möglich ist, was wären deine nächsten Wünsche, die du unbedingt voller Freude erleben möchtest?"

„In welchen Lebensbereichen wünschst du dir schon so lange tiefe Impulse/ Antworten bis hin zu geistiger Begleitung aus dem Universum?"

„Welchen Wesen möchtest du gerne einmal tief begegnen?" (Einzelne wie Gruppen)

„Wann hast du aufgehört, an Magie und die „Anderswelten" zu glauben? Und was braucht es nun tief in dir, diese Portale zur „Anderswelt" wieder weit zu öffnen?"

Wir möchten dich von Herzen gerne unterstützen, die Portale wieder weit zur „Anderswelt" auch für dich zu öffnen. Denn es reist sich zusammen einfach besser!

Dürfen wir dich daher heute einladen, dein geistiges Team kennen zu lernen. Deine tiefsten Begleiter durch alle Zeiten und Räume. Um mit uns gemeinsam als dein Team und in Oneness mit dem Bewusstsein des Universums gemeinsam weiter zu arbeiten?

Daher laden wir dich gerne heute zu der Meditation „Seelenbegleiter" ein.

Mache es dir wundervoll gemütlich, gerne mit Stift und Papier, einem warmen Kakao und genieße nun die Meditation. Habe keine Sorge: wir wissen, in welcher Form du uns schon wahrnehmen kannst. Und wir werden auf deiner „Sprachfrequenz" dir uns heute zeigen. Und natürlich, je tiefer du übst, z.B. durch Meditation oder dem bewussten Genießen von Stille, werden sich deine Kanäle der telepathischen Herzenskommunikation immer weiter öffnen, bis du uns vollkommen als telepathische Stimme, bildhaft oder über dein „Weisheitswissen" wahrnehmen wirst. Es ist nur eine Frage des Übens. Denn im Ursprung ist die Sprache des Kosmos die Herztelepathie. Du trägst sie als Kind des Universums schon längst in dir. Und es gilt nun, dich wieder zu erinnern. Erinnern an deine tiefste Wahrheit!

Bist du bereit?

So zünde nun eine Kerze an. Wenn du magst, verwende noch etwas Räucherwerk, um deinen Raum vorab zu reinigen und in eine höhere Schwingung zu geben. Und dann genieße einfach die tiefe Begegnung mit deinem Team.

Die Meditation „Seelenbegleiter" findest du unter folgendem Link als Download:

****

Meditation „Seelenbegleiter"

Download:
https://ruthverenaweber.tentary.com/p/KcLf2e

Code: Starbeing

****

Wusstest du, dass dein geistiges Team im Laufe der Zeit auch wachsen kann? Schon alleine, weil du immer weiter expandierst im Leben! Und wusstest du auch, dass wir unter uns auch wahre Experten haben? Experten für wirklich alle kosmischen Themen! Und natürlich auch die irdischen Themen! Wir möchten dich daher von Herzen gerne einladen, wann immer du möchtest und noch mehr Impulse von unterschiedlichen Bereichen, Aufgaben, Erfahrungen, …, ersuchst, gerne weitere Experten in dein ganz persönliches geistiges Team einfach einzuladen! Es gibt nichts, dass wir nicht wissen! Oder anders gesagt: Bevor es im Universum eine Herausforderung gibt, existiert schon längst jegliche Lösung dafür. Das bedeutet, was immer dir auf deinem Herzen liegt: Frage uns einfach! Lade weitere Experten ein! Und lausche den Antworten.

Es könnten die Abkürzungen und Herzenslösungen für deine Themen sein. Wenngleich wir abschließend nochmals betonen möchten: Wir respektieren deiner

Freiheit immer. Wir geben dir von Herzen gerne Impulse mit auf deinen Lebensweg. Jedoch jegliche Entscheidung und daraus auch möglicherweise folgende Handlungen, beruht einzig und allein auf deiner eigenen Verantwortung. Was immer du daraus machst, ist deine Wahrheit. Und deine Verantwortung! Und deine dadurch Wirken ist wiederum das Resonanzfeld mit deinem Außen, dass darauf reagieren wird: Handle daher stets weise und voller Herzensgüte.

Tag 4: Gott-Gewahrsein

Es ist an der Zeit, euch ein Geheimnis zu verraten. Es ist das Geheimnis über die Weisheit und das Wissen.

Das Universum ist voller Wissen. In eurer Sprache, Wissen aus der Vergangenheit, der Zukunft und der Gegenwart. Aus unserer Sicht der Dinge, geschieht jedoch alles gleichzeitig. Zeit und Raum sind nicht existent. Sondern gleichzeitig existieren sogenannte „Felder" des Lernens. Jede Zeitzone, jeder Raum in zillionenfacher Art ist ein „Feld des Lernens" als solches. Selbst auf Planet Erde gibt es unendliche Anzahlen dieser Felder. Und selbst ihr als scheinbar einmalige verkörperte Wesenheit schlüpft von einem Feld zu anderen Feldern. Je nach euren Entscheidungen und dem Weitergehen eures Weges. Ihr nennt es Dimensionen. Doch sie existieren nicht als Anzahl in einer bestimmten Reihenfolge. Sondern sie existieren als „Frequenzfelder des Lernens" alle gleichzeitig. Sie kreieren sich sogar ständig neu oder kollabieren als solche im nächsten Moment, sobald kein Bewusstsein (Mensch oder jegliche andere Form der Existenz) sie weiter benutzt.

Ihr selbst kreiert diese Felder mit. Wie alles Bewusstsein diese kreiert. Doch wie kreiert ihr nun selbst diese Felder?

Im Grunde sehr einfach: Aufgrund eurer Entscheidungen, eurer Handlungen, Gedanken und Emotionen beginnt das Spiel der Frequenzen, wie schon zuvor besprochen. Doch genau jene Frequenzen wiederum erzeugen die

„Frequenzfelder". Bedeutet: Sobald ihr selbst eure Frequenzen verändert, verändert sich auch das „Frequenzfeld" um euch selbst. So wie schon zuvor beschrieben. Das ist euch bekannt. Doch ist euch auch bewusst, was dies bedeutet?

Dies bedeutet: Es gibt keine feste Form, keine festen Pläne eures Lebens oder feste vorgefertigte Muster, die ihr euer Leben lang folgen solltet. Ihr selbst existiert in jedem euch bewussten Frequenzfeld als zillionenfaches Bewusstsein schon längst. Und probiert euch in jedem dieser unendlichen Anzahl existierenden Feldern oder sogar von euch kreierten Feldern in jedem Moment eures Seins aus.

Wie kannst du dir dies vorstellen?

Wie schon erwähnt: Zeit und Raum existiert nicht. Doch in diesem unendlichen Raum des Kosmos existiert ihr als höchstes Bewusstsein. Vielleicht ist es am besten vorstellbar, dich als großes Wesen vorzustellen. Ein Wesen aus purer göttlicher Essenz. Und dieses „Überwesen" (das jeder von uns in Wahrheit ist), lässt Anteile von sich selbst als verkörperter Essenz in unterschiedliche Frequenzfelder fließen. Ihr würdet es „verkörperte Seele" nennen. Übersetzt wäre dies so, als würde ein Teil deines gesamten Seins, gleichzeitig jedoch mit allen Anteilen deines „Überwesens", sich in eine verkörperte Form hineinfließen lassen, um als Verkörperung genau in dem erwählten Feld neue Erfahrungen seines eigenen Seins zu machen.

Und dies wiederum bedeutet:

1. Gleich in welches Feld du dich als „Anteil" verkörperst: du bist schon immer Vollkommen! Denn du bist im Grunde ein vollkommenes Stück deines „Überwesens", was in eurer Sprache als meist „Höheres Sein" beschrieben wird. Du bist vollkommen in dieser materieerbauten Verkörperung, sprich deinem Körper! Ein Stück von dir zu sein, bedeutet allerdings nicht, dass nicht alle Aspekte deines höchsten Seins in dieser auserwählten Verkörperung sind. Im Gegenteil: Alles, was du bist in Form deines höchsten Seins ist in diesem Moment verkörpert! Ja, das ist ein spannender Moment, oder? Sehen wir doch sehr oft, dass ihr davon ausgeht, dass ihr das Gefühl von Unvollkommenheit, Unperfektionismus, bis hin zu sich nicht wertvoll oder genug zu sein in euch tragt. Doch wahrhaft ist, dass ihr euer höchstes Sein in jedem Moment von Beginn an schon längst verkörpert habt. Ob ihr dies in dieser Form schon lebt oder nicht, steht allerdings auf einem anderen Stern geschrieben!

2. Ihr existiert zillionenfach im gesamten Universum. Parallel! Und macht gleichzeitig als scheinbar „einzelne Wesen" unterschiedliche Erfahrungen. Das wiederum bedeutet, um euren Verstand nun vollkommen zu sprengen: Du bist schon immer die Essenz der Quelle. Du bist schon jetzt Gott-Gewahrsein. Und das in jeder Form eurer parallel aktuell erlebenden Erfahrungen in den unterschiedlichen „Frequenzfeldern". Es gibt also keine „Level", die es erst gilt, erreichen zu müssen.

(Ihr fragt uns gerne, in welcher „Dimension" ihr schon „aufgestiegen" seid. Das entspricht ungefähr der Bedeutung von „Level"). Sondern ihr seid schon immer die höchste Essenz allen Seins. Gott-Gewahrsein, um eure Sprache zu verwenden. Das bedeutet auch: du musst nicht erst etwas erreichen. Oder dich nur genug anstrengen und dich durch weitere Leiden hindurchquälen (so wie euch verschiedene irdische Institutionen gerne erzählen, oder ihr euch auch selbst gerne erzählt!). Ihr braucht auch keine „Heiligkeit" zuerst erreichen (ihr nennt es Erleuchtung), um dann würdig für „next level" zu werden! Sondern du bist schon längst erleuchtet! Du bist schon längst das Höchste! Du bist höchste Lichtessenz! Und daraus ergibt sich: Du bist schon längst am Ziel. Alles andere, was euch bis heute erzählt wird, ist nicht die Wahrheit des Universums! Auch hier gehen wir gleich tiefer ein, warum ihr sooft noch nicht euer höchstes Potential nutzt.

3. Aufgrund eurer Existenz in unterschiedlichen Parallel-Erfahrungen/ Parallel-Leben (seid ihr doch alle die EINE höchste Essenz), bedeutet dies nun auch: Es gibt keine feste Form, in der ihr selbst in diesem einen jetzigen Leben bis zum Ende dieser physischen Existenz leben müsst. Denn selbst, wenn wir euer Leben nur auf Planet Erde betrachtet: Selbst auf Planet Erde gibt es schon zillionenfach unterschiedliche Felder an Frequenzen. Auf dich persönlich bezogen, bedeutet dies: dich gibt es zum Beispiel in Form

eines sehr armen Wesens (um nochmals kurz das Thema Geld als Beispiel aufzugreifen). Und gleichzeitig als sehr wohlhabendes Wesen, dass sich alle Träume durch Geldfülle erfüllt. Dazwischen gleichzeitig aber auch jegliche „Abstufungen" zwischen beiden Extremen. Und nicht nur das: Dich gibt es gleichzeitig in dieser scheinbaren Zeitzone als Inkarnationen, in zillionenfacher „Ausführung" Aber eben auch gleichzeitig in den scheinbar vergangenen Zeiten (nach eurer menschlichen geschichtlichen Aufzeichnung), und sogar darüber hinaus. Denn du bist als Essenz älter als euer wundervoller Planet. Du existierst seit Anbeginn jeglicher Existenz als Essenz. Und bist möglicherweise sogar „Mitkreator" dieses Planeten, wie auch von vielen anderen Dingen, die im gesamten Kosmos existieren. Und als kleine Bemerkung am Rande: Du bist sogar nicht nur in diesem Kosmos existent und Mitkreator, sondern auch in all' den zillionen anderen Universen existent und Mitkreator!
Sprengt das gerade deinen Verstand vollkommen? Nun, dann haben wir für heute unsere Aufgabe erfüllt! (Lächeln der Sternenwesen)
Doch kommen wir nochmals auf euer Erdenleben zurück: Da Zeit nicht existiert, sogar nicht einmal auf Planet Erde, lebst du nun gleichzeitig auch als verkörperte Essenz in jeglichen auserwählten Formen der Vergangenheit. Und in jeder auserwählten Vergangenheit existierst du auch wiederum zillionenfach in Parallelleben. Das ist

56

verrückt, oder? Und absolut tief Grenzen sprengend für dich, oder?

Und du kannst es dir schon denken: Wenn du in zillionenfacher verkörperter Essenz in der Vergangenheit existierst, existierst du dann auch schon jetzt zillionenfach in jeglicher Form der Zukunft auf Planet Erde? Du ahnst richtig: Da Zeit und Raum nicht existieren, erlebst du schon jetzt auch jegliche auserwählten Frequenzfelder der Zukunft in zillionenfacher Form auf Planet Erde. Wiederum parallel in unterschiedlichen Frequenzfeldern auch als unterschiedliche „Ausführung". Das ist auch der Grund, warum du dich zum Beispiel über eine Meditation mit deinem „Wunsch-Zukunfts-Ich" verbinden kannst und im Jetzt alle Antworten bekommen kannst. Und dann gilt es nur noch, diese Antworten auch in „Inspired actions" umzusetzen. Ist das nicht „Mindblowing" für dich? Und das beste daran: Du kannst zwischen all´ diesen Formen deines Seins hin und her switchen. Und sozusagen dir aussuchen, wie du wirklich leben möchtest! Frage dafür einfach dein aktuell auserwähltes „Wunsch-Ich" und setzte dann wie gesagt -herzgeführt- die Impulse einfach um! Du weißt: Es ist, was du bist! Und ab dem Moment deiner Umsetzung bist du schon dein Wunsch-Ich! Die äußere Realität wird sich daraufhin an dich wieder anpassen! Klingt verrückt? Klingt so einfach? Wer hat gesagt, dass das Universum kompliziert ist? Es ist so einfach!

Was bedeutet dies nun alles für dich ganz persönlich?

Es bedeutet für dich, dass du nichts erreichen musst, oder erst sein musst, um jemand, sprich dein Wunsch-Ich, zu sein. Denn du bist schon längst verkörperte Essenz in purer Existenz. Und jegliche Fähigkeiten, wie auch göttliche Aspekte in dir sind schon längst als gegeben. Für dich bedeutet dies: Du bist und warst schon immer genug. Und der einzige Aspekt, denn nur du verändern kannst, ist, deine Göttlichkeit endlich anzuerkennen und vollkommen anzunehmen. Um dich aus diesem Erkennen als vollkommenes verkörpertes Wesen zu leben. Und zwar wirklich pur endlich als die oder der, die/der du tief in dir bist!

In der Frage, warum dann wiederum nicht alle deine Wünsche und Träume schon sofort in physische Existenz kommen, möchten wir gerne wie folgt antworten: Auch deine physischen Träume besitzen eine bestimmte Frequenzschwingung und existieren nur in bestimmten Frequenzfeldern. Und bestimmt erfährt schon gerade ein Parallel- Ich von dir, diese Existenz und erlebt die Träume als physische Realität. Vielleicht denkst du nun, wie schön für das Parallel- Ich! Nur schade, dass ich persönlich gerade „Pech" gehabt habe?

Fakt ist, dass jegliche Form, jegliche Existenz an Frequenzfeldern wie eine Art „Fluid" ineinanderfließen, wie schon beschrieben. Jedes Feld an bestimmten Frequenzen und darin kreierten möglichen Erfahrungen ist kein festes Konstrukt. Sondern die Frequenzfelder „überlappen" sich. Sie fließen ineinander. Vielleicht kannst du dir dies wie eine Art Musikkomposition vorstellen. Jeder Ton besitzt eine bestimmte Frequenz. Jeder Ton entspricht in dieser Beschreibung somit einem bestimmten Frequenzfeld. Doch erst die Aneinanderreihung an Tönen kreiert die gesamte Musikkomposition. Und in dieser Komposition werden immer wieder auch dieselben Töne verwendet. Die, würde man einen einzelnen Ton nur betrachten, einmal verwendet werden und dann auch wieder ein Teil in dieser Komposition nicht zu hören sind.

Genauso verhält es sich mit den Frequenzfeldern. Welchen „Ton" aka Frequenzfeld du gerade verwenden möchtest, ist deine Wahl. Du kannst somit immer frei wählen, ob du in deiner aktuellen „Tonlage" bleiben möchtest, oder im nächsten Moment eine andere „Tonlage" ausprobieren möchtest. Unbewusst switcht du sowieso schon dein ganzes Leben zwischen den unterschiedlichen Frequenzfeldern hin und her. Ausgelöst durch deine unterschiedlichen Entscheidungen, die du täglich neu für dein Leben triffst. Möchtest du somit ein „neues" Parallelleben erfahren und aus deinem jetzigen verkörperten Dasein „ausbrechen", so ist der Weg, dass du deine Frequenzschwingung an das erwünschte Frequenzfeld „anpasst"! Oder in anderen Worten beschrieben: Bevor das physische Wunschfeld um dich sich aufbaut, sei die Person, die du wirklich in dieser neuen Wunschrealität sein möchtest. In deiner Aktion, deinen Gedanken und Emotionen. Und das passende Frequenzfeld aka neuer Ton, wird sich automatisch zu dir bewegen und sich als physische Realität „um dich aufbauen".

Versuche daher nicht, zwanghaft die Wünsche und Träume „zu dir ziehen" zu wollen. Oder dich zwanghaft zu verändern! Denn wie gesagt: Du bist schon längst perfekt! Folge mehr der Freude und dem Spiel, und alles andere wird sich wie von selbst zeigen!

Was wir allerdings auch immer wieder beobachten, ist das Phänomen, dass ihr versucht in eurer bekannten aktuellen Frequenz zu bleiben. Bedeutet: ihr versucht nichts zu verändern und Status Quo wird gehalten, bis sich die Balken biegen. Ist es nicht viel anstrengender alles beim Alten zu halten, anstatt sich dem Fluss des Lebens hinzugeben? Und aus dieser Position versucht ihr nun, durch zwanghaftes Verhalten wie Affirmationen, wiederholende Gebete, übermäßigem „Wunsch-Meditieren" und vielem mehr, die neue Wunschrealität in euer aktuell existierendes Feld mit aller Gewalt schon fast, zu ziehen. Wie zu sehen ist, spielen hier somit mehrere Faktoren mit. Faktor eins ist, dass ihr nicht eure wahre Essenz pur lebt. Und Faktor zwei ist, dass ihr aus eurem „verstellten Sich-selbst-leben" auch weiterhin verharrt, anstatt Veränderungen zuzulassen! Doch das wird nicht funktionieren. Oder sich maximal nur kurz in eurem Feld halten. Schlicht und ergreifend, weil die eurige Frequenzausstrahlung nicht mit der Wunschfrequenz bisher übereinstimmen. Um nochmals als Musikkomposition zu sprechen: Dies wäre, als würde in eurer Tonlage, aka Frequenzfeld, ein „falscher" Ton klingen. Das ist der Moment, in dem ein gesamtes

Musikstück einfach nur schräg klingt. Denn der „falsche Ton" wärst im Grunde du selbst! Weil du nicht dich selbst pur lebst! Würdest du dich im Grunde selbst pur leben, braucht es nicht einmal mehr eine „Wunsch-Ich-Verkörperung"! Denn dein Pur-Sein birgt alle Frequenzen in sich! Und alles andere käme dann wie von selbst zu dir!

Die Frage ist daher nun an dich:

Welche göttlichen Aspekte kannst du noch nicht zulassen, um einfach die Tonlage deiner Erfahrungen zu verändern?

Oder anders gefragt: Was hält dich bis heute davon ab, dich pur zu leben?"

Denn an sich bist du pure Gott-Essenz, so wie schon zuvor erwähnt. Gott-Essenz, die aktuell ein bestimmtes Frequenzfeld auserwählt hat. Und jeder Zeit in der Lage ist, nur durch verändern der inneren „Materie", aka Tonlage, in einen anderen Aspekt an „Gott-Sein-Bewusstsein" zu wechseln. Was wir damit meinen ist, dass du schon längst alle Frequenzfelder an physischen Realitäten als vollkommenes Gott-Bewusstsein in dir trägst. Aktuell hast du nur dieses eine bestimmte Essenzbewusstsein auserwählt, dass du aktuell in einer physischen Realität mit Abbild erlebst. Doch du bist nicht nur dieses Frequenzfeld! Sondern du als Gott-Gewahrsein trägst schon längst alle Frequenzfelder an unendlichen Möglichkeiten in dir! Ist dir dies bewusst?

Dies wiederum bedeutet: Du wählst!

Du wählst jeden Moment deiner Existenz, welche physischen Erfahrungen du heute erleben möchtest. Jeden Moment deines Seins bist du frei. Frei dir heute einen neuen „Ton" (aka neues Frequenzfeld) wieder auszusuchen. Und in deinem Feld zu betonen und klar dem Universum als Frequenz zu präsentieren. Nichts ist fest und starr! Alles ist pures Fluid. Und du bist das Gott-Bewusstsein, dass jeden Moment neu auswählen kann, welches „Fluid" in Form physischer Realität es heute leben möchte.

Und nur du kannst deine Realität somit verändern. Indem du neu wählst und dementsprechend auch deine Aktionen, Emotionen und Gedanken durch deine neue Wahl aktiv veränderst. Wie gesagt: „Sei es, so ist es"!

So funktioniert in Wahrheit das Universum! Und genau darum ist immer und zu jedem Moment deines Lebens alles möglich! Es braucht nur eine neue Ausrichtung deiner Göttlichkeit durch deinen inneren Frequenz-Shift und schon wird sich deine physische Welt vollkommen verändern!

Und das könnte doch sogar eine wundervolle Erfahrung werden, oder? Denn anstatt erst „jemand" werden zu wollen, bist du schon alles! Und bringst du dieses „Alles" pur ans Licht, wird alles um dich auf dieses Licht in den schönsten Farben des Regenbogens antworten.

Auch heute möchten wir dir gerne vertiefende Fragen zu deinem wahren „Gott-Gewahrsein" mitgeben. Selbst, wenn sie kurz sind, haben sie es in sich! Denn sie könnten dein ganzes aktuelles Leben tatsächlich auf den Kopf stellen. Vielleicht bis hin zu, alles, was du bisher geglaubt hast, könnte nun hinterfragt werden. Keine Sorge, wenn es dir zu bunt wird, dann frage dich nur diese eine Frage: „Wer bin ich, wenn ich glücklich bin?" Und alles Weitere wird sich von selbst fügen.

Doch nun gerne folgende Fragen für deine Vertiefung des heutigen Rauhnachts-Tages:

„Wo versteckst du dich selbst vor deiner tiefsten Wahrheit?"

„Wer möchtest du in Wahrheit aktuell wirklich sein?"

„Welche Aspekte deines aktuellen Lebens liebst du?"

„Welche Aspekte deines aktuellen Lebens möchtest du gerne loslassen/verändern?"

„Welche neue Wahlen möchtest du heute für dich treffen?"

„Bist du bereit, dafür alles zu verändern, was dafür nötig ist?"

„Welche Gottes-Aspekte deines Essenz-Seins möchtest du ab heute ausleben"

„Welche inneren Grenzen hast du dir als Gott-Gewahrsein selbst kreiert, um dir bestimmte Aspekte in Form physischer Realität nicht zu erfahren?"

„Welchen Ursprung hat deine innere Grenze, die dich vom Ausleben jeglicher Wunschrealitäten entfernt hat/ fernhält?"

„Wenn du den Ursprung deiner Limitationen erkennst: Entsprechen sie wirklich der Wahrheit des Universums? Oder sind sie eine Form der Illusion, die dich in Stagnation bis hin zu im „Survival-Modus" oder gar Schmerz „gefangen" hält?"

„Bist du bereit, deine Göttlichkeit/ dein Gott-Gewahrsein als Vollkommenheit anzunehmen und ab heute pur als verkörperte Essenz auszuleben?"

„Bist du bereit, anzuerkennen, dass du schon alles bist? Und ab heute das Feld von „nicht genug sein" und „noch erreichen müssen" vollkommen loslassen kannst?"

„Bist du bereit, das zwanghafte Heranziehen deiner Träume als absoluten Bullshit zu erkennen und all' die „Ablenkungen" und „Beschäftigungsmaßnahmen" der scheinbaren „Toolkiste an Manifestation" vollkommen loszulassen? Im Wissen: Sobald du deine Wunschfrequenz bist, kreiert sich deine Wunschrealität von selbst!"

Spürst du, wieviel einfacher plötzlich dein Leben werden könnte?

Du musst nicht mehr um 5.00h morgens aufstehen, und bis zum Umfallen meditieren, journaln oder Affirmationen in deiner gesamten Wohnung als Post-Its überall verteilen!

Du musst nicht erst jemand werden, um dein Glück zu leben, um endlich genug zu sein! Du bist schon längst vollkommen! Spürst du, wie all´ das Kämpfen, Sein-Müssen, sich anpassen, bis hin sich zu verbiegen, endlich von dir fallen darf? Und du einfach endlich du sein darfst?

Sei es, und so ist es („es" im Sinne deiner neuen physischen Realität).

Das ist das ganze Geheimnis! Suche dir einfach aus, welches Frequenzfeld du heute wählen möchtest. Und erlebe es in deiner selbst kreierten physischen Realität. Das ist alles! Das ist das wahre Erfahren und Leben deines Purpose! Das ist, wenn dein Leben beginnt, ineinander zu fließen. Das ist, wenn du beginnst dein höchstes Potential auszupacken, um alle Möglichkeiten, die dir gegeben werden, einfach auszuprobieren! Was immer dir bisher dies innerlich verbietet: Lass´ es endlich los! Denn dein Gottes-Licht hier und im gesamten Universum zu erstrahlen, ist, wofür du existierst! Und nichts Geringeres!

So wie, als würdest du in einer Konditorei vor einer unendlich langen Theke stehen und dir einfach aussuchen, worauf du heute Lust hast, es zu vernaschen.

„Welche neuen Erfahrungen durch dein Leuchten möchtest du daher heute „vernaschen?"

Bedeutet: „Welche Realität möchtest du also heute „vernaschen"?"

Wir möchten dich daher nun zur nächsten Meditation tief einladen. Erfahre in dieser Meditation, in welcher Wunschrealität du wirklich aktuell leben möchtest, welche göttlichen Aspekte deiner aktuellen Verkörperung dann mehr gelebt werden möchten, um das „Wunschfrequenzfeld" als physische Realität zu erfahren. Und heile tief in dir auch die Aspekte bzw. den Ursprung der Limitationen und selbstkreierten Grenzen und Herausforderungen, die dich bisher von deiner „Wunschfrequenz" fernhalten. Übrigens, als kleine Randbemerkung noch am Ende: Natürlich kannst du mit diesem Wissen nun auch andere Frequenzfelder im Universum besuchen. Wie zum Beispiel uns auf fernen Planeten im Kosmos. Tatsächlich beginnt ihr im Kollektiv vereinzelt über tiefe Trance-Meditation auf der Ebene eurer „Seele" uns schon zu besuchen. Und sobald ihr eure Begrenzungen über diese Möglichkeiten des Reisens in euch abgelegt habt, werdet ihr uns auch mit Körper besuchen. So wie alle Wesen/ Bewusstseinsformen im Universum schon lange in die unterschiedlichen Orte/ Frequenzfelder reisen. Übrigens auch schon über alle Zeiten auf Planet Erde! Wir freuen uns schon jetzt auf dich.

Die Meditation „Realitäts-Shift" findest du unter folgendem Link als Download:

****

Meditation „Realitäts-Shift"

Download:
https://ruthverenaweber.tentary.com/p/KcLf2e

Code: Starbeing

****

Vielleicht waren dies nun viele Themen auf einmal in diesem Kapitel. Daher unsere Einladung an dich: Schreibe der Autorin gerne, und wir werden gerne in weiteren Büchern, Onlineauftritten und vielem mehr auf deine Fragen eingehen.

Das Universum zu durchschauen, gelingt nicht einmal uns als Sternenwesen. Wenngleich wir schon tiefe Einblicke in vielerlei Themen bekommen haben. Es ist komplex. Und genau darum geht es! Sobald ihr als Bewusstsein in Verkörperung alle Grenzen in euch loslasst, werden die wahren Wunder passieren. Ja, wir haben euch in diesem Kapitel einige neue Impulse über die Wahrheit deines eigenen Gott-Gewahrseins mitgegeben. Damit sie dein bisheriges Bewusstsein vollkommen ausheben! Denn je weniger innere Vorstellungen, aka Grenzen, in dir existieren, desto leichter wird es dir fallen, dich wahrhaftig in die Rhythmen des Universums fallen zu lassen.

Vertraue! Und erlaube dir ab heute noch tiefer pur du zu sein! Deine Herzfrequenz ist schließlich charismatisch!

Tag 5 Erleuchtung ist nicht das Ziel zur Meisterschaft

Unter Erleuchtung verstehen die meisten Menschen, dass ihr alle geistigen und universellen Gesetze vollkommen durchschaut habt, und gleichzeitig mit Fingerschnipp euer Leben verändern könnt.

Das ist eine lustige Ansicht über das Thema „Erleuchtung".

Denn Punkt eins ist, den wir gerne hier schon vorab erwähnen möchten: Ihr seid schon erleuchtete Wesen! (siehe Kapitel 4). Planet Erde, im „Feld des Vergessens", dass ihr wohlbemerkt selbst vor jeder Inkarnation erwählt habt, lässt euch diese Tatsache nur jedes Mal vergessen. Darin liegt das ganze Abenteuer in diesem „Erdenspiel"!

Gleich, wie bewusst ihr euch der Themen „Manifestation" und „Erfüllung" schon angenähert habt, so verwendet ihr alle Gesetze der geistigen und universellen Welt schon heute jeden Moment eures Lebens. Wenngleich auch vieles noch unbewusst geschieht. Aufgrund des Vergessens! Und den Energien der Trennung!

Doch warum nur habt ihr Planet Erde gewählt, wenn ihr nicht herausfinden wolltet, wer ihr wahrhaft seid und welche neue Art der Erfahrungen ihr machen könntet, eben gerade weil ihr vergessen habt?

Was nun häufig passiert ist, dass ihr beginnt, Materie jeglicher Art zu eurem neuen „Gott" zu machen. Was meinen wir damit:

Es ist absolut nicht verwerflich die Kraft der eigenen Gott-Gewahrseins-Energie dazu zu verwenden, viel Materie und „weltliche Dinge", wie Geld und Luxus in euer Leben zu „ziehen". Bzw. besser beschrieben: Euch weit dafür zu öffnen und die Energien der unendlichen Materie jeglicher Form zu empfangen (diese Art der Manifestation ist weit entspannter und weniger anstrengend).

Im Gegenteil: Habt ihr nicht genau deshalb diese Inkarnation auf Planet Erde in dieser Zeitfrequenz erwählt, um eben über die Zeit eures Lebens herauszufinden, welche die leichtesten Wege zu eurem Traumleben sind?

Schon alleine die erste Schwierigkeit, euer Traumleben zu definieren, ist eine wahre Meisterleistung, wenn ihr dies herausfindet. Denn im „Feld der Trennung", in dem ihr bis heute meist tief verwurzelt seid, ist es extrem schwierig, sich selbst zu spüren und somit seine tiefsten Wünsche überhaupt wahrzunehmen.

Und ja, ihr seid auf Planet Erde, um Materie zu erfahren. Zu erlernen, wie ihr Geld, Materie als euer Eigentum, Reichtum und all' die schönen Dinge, die euer Geburtsrecht auf ein Leben in Wohlstand und Freiheit kreieren, anzuziehen.

Die Kunst hierbei ist es, Materie magisch anzuziehen. Euch auf diesem Weg wieder bewusst zu werden, dass schon eure alleinige Anwesenheit (ohne Tun) ausreichen würden, ALLE eure Träume zu manifestieren. Materie-Träume UND Nicht-Materie-Träume. Und jede Meisterung dieser Dinge ist die wahre Meisterschaft.

Denn das bedeutet: Ihr kehrt Schritt für Schritt wieder selbstständig in eure wahre Meistergröße des Gott-Gewahrseins zurück: Eurer Göttlichkeit! Und verlasst selbstständig das „Feld der Trennung". Das ist die wahre Meisterschaft!

Wenn wir sagen: „Macht nicht Materie jeglicher Art zu eurem „neuen" Gott. So meinen wir damit lediglich, dass viele von euch auf diesem Weg des Zurückkehrens ins bewusste Manifestieren, gerne Materie zu ihrem „Null-plus-Ultra" werden lassen. Und anstatt das Ganze als Spiel der Fülle zu erkennen, werden manche von der Materie „besessen"! Das bedeutet, anstatt auf eure tiefste Herzensstimme zu hören, und den leichten Weg der Materie-Manifestation zu wählen, gewinnt gerne wieder das „Feld der Trennung" in Form von Gier, Macht und Neid!

Das ist, wenn „Materie zu Gott" wird! Aus der „Energie der Trennung" bedeutet dies, ihr agiert aus dem Gefühl des Mangels. Und aus der Energie, dass eure Wünsche als Materie „nicht in Fülle" vorhanden wären. Was dazu führt, dass Menschen beginnen, andere Menschen/Lebensformen zu verletzten, um sich xy Materie alleine besitzen zu können.

Aus der Aktion der Trennung werden diese Menschen allerdings auch nie glücklich werden. Denn das Gefühl des Mangels wird sie begleiten, gleich, wie wohlhabend diese Menschen sind. Selbst mit Millionen auf ihrem Konto werden sie aus dieser Energie immer das Gefühl von „Nicht genug" spüren. Und niemals frei sein!

In dieser Form werden die „Felder der Trennung und des Vergessens" noch lange bestehen bleiben.

Doch genau darum möchten wir mit euch darüber sprechen. Materie als solche ist nicht böse! Sondern je tiefer ihr in die Gesetze des Universums wieder eintaucht, werdet ihr auch beginnen, eure „Materie-Wünsche" nicht weiter aus der Energie von Trennung und Mangel, sondern aus der tief herzgeführten Energie des Wünschens in unendlicher Dankbarkeit und Fülle selbst kreieren.

Und je mehr Materie ihr in Form der herzgeführten Manifestation kreiert, desto näher wandert ihr in eurem Bewusstsein wieder in das Feld unendlicher Fülle und Eins-Sein!

Reichsein ist somit keine Eigenschaft, die ihr weiter ablehnen solltet. Sondern ein Teil der Erleuchtung! Ein Teil des Weges, euch wieder als Gott-Gewahrsein selbst wahrzunehmen und aus der unendlichen Fülle der Kreationen zu schöpfen! Und dadurch zu erkennen, wozu ihr wahrhaftig tief in der Lage seid! Denn Materie-Manifestation in irdischer Form ist erst der Anfang von allem, was noch über die Fähigkeiten der bewussten Manifestationen möglich ist.

Denn das ist, was das Universum ist: Ein Ort des Schöpfens, und Erschaffens. Ein Ort, an dem all' eure Wünsche erfüllt werden.

Das Einzige, was euch von der Wunscherfüllung bisher nun noch abhält, ist euer Glaube daran (bewusst oder unbewusst), dass diese Gesetze nicht für euch persönlich gelten. Und da ihr lange im „Feld der Trennung" ward, ist das der wahre Weg, den es als Meisterschaft zu titulieren gilt: Den Weg eures Herzens zu finden und wieder durch diesen in das Feld unendlicher Fülle und Oneness zurückzukehren.

Jedenfalls aus eurem Bewusstsein heraus. Denn ihr seid und ward niemals von diesem wahren „Feld der Fülle" getrennt, wie schon einige Male zuvor beschrieben.

Das bedeutet mit anderen Worten: Je tiefer ihr eurer wahren Herzensmacht wieder bewusst werdet, desto mehr Materie in Form von Geld und Erfüllung eurer Wünsche und Träume, wird euer Leben beseelen.

Und je weiter ihr euch dafür öffnet, dass es euch erlaubt ist, ALLES zu empfangen, werdet ihr auch alles empfangen.

Der Grund eurer aktuellen Inkarnation ist nicht nur das „Feld der Trennung" zu erfahren. Sondern vielmehr, aus dem „Feld der Trennung" wieder in die Oneness bewusst zu wachsen. Was aber nicht der Grund der Inkarnation ist, ist, auf Erden unter extremen Bedingungen und Verzicht zu leiden, und die Gesetze des Universums weiter zu ignorieren. Das ist, wie ihr bisher Erleuchtung definiert. Nehmen wir hier das Bild des einsamen Einsiedlers, verlassen in der Kälte einer Bergkette, der mit Gott spricht. Ihr habt sofort ein Bild dafür in euren Gedanken, oder? Diese Form der Inkarnation ist nur für wenige Auserwählte, die so das Energiefeld der Erde durch ihr pures Sein ohne Ablenkungen des Außen erfahren und halten.

Doch die Mehrheit eures Seins ist inkarniert, um im sogenannten Alltag während eures Wirkens in Zusammenwirken aller Elemente und Ablenkungen, die Gesetze des Universums auf Materie anzuwenden. Also im ganz praktischen Sinne: Alles, was ihr euch wünscht und erträumt kraft eurer Gedanken, Emotionen und „Inspired actions" (inspirierenden Handlungen aus Herzführung) wahrhaftig zu Materie in eurer physischen Realität werden zu lassen.

Durch verschiedene Institutionen, wie auch selbst in der spirituellen Szene als solche, werden bis heute noch viele Praktiken und scheinbar „göttliche" Regeln des Verzichts und des Leidens gelehrt. Diese Lehren sind weder konform mit den Gesetzten des Universums, noch der Wahrheit über Fülle und Freiheit im Universum. Sie dienen lediglich der Erhaltung alter Machtsysteme, die die Menschheit selbst einst gegründet hat, im „Feld der Trennung". Aus dem Bewusstsein, dass eben nicht genug für alle da sei. Doch genau dieses bisher noch sehr dominierende Bewusstsein aus der Trennung dient nur der Fütterung der alten Felder aus Trennung und Schmerz. Und entsprechen in keinster Weise, der Wahrheit des Universums.

Wann immer dir erzählt wird, dass nicht genug auf Erden für euch da sein sollte, werde ab heute hellhörig und hinterfrage: Welcher „Wolf" wird hier gefüttert? Der „Wolf des Lichtes und Fülle" oder der „Wolf der Trennung"?

Habt keine Angst, dass ihr selbst dem Wolf der Trennung dient, wenn ihr beginnt eure wahren Meisterkräfte, wie die Erschaffung eurer Traummaterie, magisch anzuziehen.

Der wahre Schlüssel liegt hierbei in eurem Herzen. Was immer euer Herz aus reinster Liebe und Dankbarkeit sich wünscht, ist die Materie, die aus dem Feld purer Fülle und Wertschätzung sich gebären wird. Und wenn ihr genau hinschaut, so entdeckt ihr auch, dass aus diesem Feld die Erschaffung der Materie selten für euch alleine sein möchte. Sondern ihr selbst durch eure Wünsche des Herzens auch andere Menschen /Bewusstseinsformen glücklich machen wollt.

Was nicht bedeutet, dass ihr nur Dinge für andere manifestieren solltet. Im Gegenteil: Die meisten von euch waren nun über Jahrtausende „Gefangene des Mangels". Ihr habt vergessen, wie es sich anfühlen darf, ein Leben in purer Fülle und Wohlstand, in purer Gesundheit und Freude zu leben. Dies wiederum ist aber euer Geburtsrecht. Nichts Geringeres! Daher erlaubt euch wahrlich, euch selbst auch wirklich große Wünsche zu erfüllen. Euch selbst im ersten Moment in ein Leben zu manifestieren, in dem ihr gesund und erfüllt leben könnt. Und alles zum Leben habt, was euer Herz begehrt und ihr erfahren möchtest. Für uns gibt es hierfür keine „großen" oder „kleinen" Wünsche. Alles, was ihr euch wünscht, ist möglich! Daher fordern wir euch wieder und wieder dazu auf, wahrhaft groß zu träumen, groß zu wünschen und für eure wahre Größe auch zu gehen!

Denn dafür seid ihr gekommen! Um nichts Geringeres! Und wir lieben es, euch in diesen Manifestationen zu unterstützen!

Habt bei dieser Reise kein schlechtes Gewissen, Schuldgefühle oder Ähnliches. Das sind Emotionen, die euch gerne ereilen, weil ihr selbst zu lange im „Feld der Trennung" ward und euch viel zu lange erzählt wurde, dass ihr kein Recht auf Wohlstand und Glück habt. Erzählt aus längst veralteten Machtsystemen, die leider bis heute noch wirken. Diese Systeme dienen maximal dazu, euch selbst klein zu halten und euch vergessen zu halten, wer ihr wahrhaftig als Gott-Gewahrsein seid!

Es mag für euch wahrlich verrückt klingen, aber gleich, wie viele Menschen/ andere Lebensformen auf Planet Erde aktuell existieren mögen, würden alle existierende Wesen miteinander aus der Macht ihrer Herzenergie agieren und wünschen, so würden alle ein Leben in purem Wohlstand und tiefster Erfüllung leben können. Das ist das Normal auf allen Planetensystemen. Jedenfalls auf den Planeten, die nicht das „Feld der Trennung" als Erfahrung gewählt haben.

Wie sollten göttliche Wesen sonst ihre pure Schöpferkraft zum höchsten Wohle ausleben, wenn sie sich im Dauerzustand von Überleben, Mangel und Stress befinden? Und das, was für alle anderen Planeten der Fülle gilt, ist nun, was auch auf Planet Erde in diesem großen Wandel nun wieder euer neues „Normal" werden wird!

So möchten wir dich auch heute wieder zu tiefen Fragen einladen. Fragen, die dein Bewusstsein aus dem „Feld der Trennung", aka Mangels, nun shiften, in dein Feld der Fülle und Freude. Es mögen für dich nur einzelne Worte sein. Schon fast zu selbstverständlich. Doch dahinter steckt die Power eines ganzen Shifts. Dem Shift des vollkommenen Verlassens des Mangels und der Trennung. Hin in das Feld puren Gewahrseins, Oneness und Wahrheit. Für jeden einzelnen von euch. Wie auch im Namen der Oneness aus dieser gesprochen.

So laden wir dich gerne nun zu folgenden Fragen von tiefstem Herzen ein. Vorsicht! Auch diese haben wieder die Power, dein ganzes Leben vollkommen zu transformieren.

Folgende Fragen daher nun für dich und dein Journal-Buch ganz persönlich:

„Aus welcher Energie versuchst du bis heute deine Wünsche zu kreieren? Der Energie des Mangels oder der Fülle?"

„Erlaubst du dir, dass sich dein Leben leicht, frei und erfüllt anfühlen darf?"

„Folgst du im Leben eher dem leichten Pfad? Oder dem schweren Pfad? Warum?"

„Erlaubst du dir pure Fülle zu leben?"

„Erlaubst du dir puren Wohlstand und Reichtum aus dem Herzen zu leben?" (wir sprechen hier vor allem von der Materie „Geld").

„Wie definierst du für dich Fülle? Was sollte ein „Leben in Fülle" alles für dich beinhalten? (schreibe alles gerne auf)"

„Befindest du dich aktuell noch viel zu oft im „Überlebenskampf"? Erlaubst du dir jetzt, diesen Kampf nun zu beenden (aka dich aus dem „Feld der Trennung" zu lösen)?"

„Wie sieht für dich ein Leben in purer Freiheit aus? Wie würdest du es jeden Tag kreieren und erleben wollen?"

„Erlaubst du dir selbst, aus der „Reihe" der gesellschaftlichen Normen/ deines Umfelds zu tanzen, um pur deiner Herzensfülle folgen zu können?"

„Wie darf dein Leben aus der Energie von Fülle aussehen?"

„Welche Limitationen bist du ab heute bereit, fallen zu lassen, im Erkennen, dass du schon längst pures erleuchtetes Gott-Gewahrsein bist?"

„Wenn schon jetzt alles in dir und durch dich vollkommen ist: Wo versteckst du dein Pur-Sein noch und lebst immer noch mit angezogener Handbremse?"

„Was hälst du zurück, von deinem „Erleuchtet- SEIN"?"

Wir haben dir nicht zu viel versprochen, wenn wir sagen, dass es jetzt an deinen Urkern geht, oder? Doch die Beantwortung der Fragen ist nur Teil eins. Durchaus vielleicht schon eine Herausforderung, wenn du wirklich tief in Ehrlichkeit zu dir die Fragen nun beantwortet hast. Doch wird sich dadurch deine Realität bisher verändern?

Was ist mit der Umsetzung der vielen Impulse und Ideen, die du gerade bekommen hast, die nun deine pure Realität gerne kreieren möchten? Bist du bereit, den großen Sprung aus dem „Feld des Mangels" und der Limitationen nun wahrhaftig zu wagen? Um tief in die Fülle und Geborgenheit des Universums einzutauchen?

Daher möchten wir dich heute einladen, wieder in eine tiefe Meditation mit uns gemeinsam einzutauchen. In dieser Meditation werden wir dir energetisch die unterschiedlichen Felder zeigen. Das „Feld der Trennung", wie auch das „Feld der Oneness", deinem Ursprung. Du wirst stiller Beobachter während der Meditation sein. Und durch dein eigenes Beobachten erkennen, wo du selbst noch viel zu sehr im „Feld der Trennung" haftest. Gleichzeitig wirst du aber auch das „Feld der Fülle" und Freude wahrnehmen. Und erkennen, dass diese Felder die Wahrheit deines Gott-Gewahrseins wiederspiegeln. Und dadurch wirst du wahrnehmen, welche unterschiedlichen Wege in den jeweiligen Feldern zu unterschiedlichen Erfahrungen führen werden. Und in diesem Erkennen wirst du freier denn je nun klare Entscheidungen treffen können. Entscheidungen, die deine nahe Zukunft wie auch folgende weitere Realitätserfahrungen betreffen. Und dich tiefer und tiefer wieder in dein Zurück-Erinnern begleiten werden.

Bist du bereit, beiden existierenden „Feldern" zu begegnen und vielleicht sogar ab heute, die Wahl deiner Entscheidungsfindungen ganz neu definieren? Und vielleicht sogar von dir selbst heraus dich vom „Feld des Mangels" aus tiefstem Herzen heute verabschieden können?

Die Meditation „Realitäts-Felder" findest du als Download hier:

****

Meditation „Realitäts-Felder"

Download:
https://ruthverenaweber.tentary.com/p/KcLf2e

Code: Starbeing

****

Ist es nicht gigantisch, was wahrhaftig alles im Kosmos an unterschiedlichen Erfahrungsfeldern existiert? Wir hoffen, du konntest tiefe Einblicke in die Wahrheit des „Realitäts- Kreierens" deines Lebens bekommen.

Tag 6 Fuck off mit all′ den Limitationen

Nun haben wir in den vergangenen Kapiteln viel über weltliche und nichtweltliche Zusammenhänge gesprochen. Das war wichtig. Denn nur so könnt ihr verstehen, wie die Dinge in der Tiefe energetisch zusammengehören und miteinander wirken.

Doch nun möchten wir mehr den Fokus in den folgenden Kapiteln auf wahre Wunder, das Empfangen und viele weitere mystischen Dinge legen.

Du weißt nun, wie du kreierst und wie du sogar manifestierst. Kraft deiner Gedanken und Emotionen, begleitet durch inspirierende Herzensaktionen. Das sind Tools, die ihr erlernt und durch Anwenden und immer tieferem Ausprobieren trainieren könnt.

Der viel heiklere Part ist tatsächlich der Part des Empfangens. Wir sehen regelrecht, dass ihr eine Unmenge an Wünschen und Manifestationen ins Universum heraussendet. Es gleicht, bildlich gesprochen, schon fast einer Verstopfung an sich aufstauender Materie, die hier im Universum in Richtung Planet Erde herumschwirrt. Alles ist da. Eure scheinbar kleinen, wie auch großen Wünsche. Das Universum kann natürlich nicht daran „ersticken". Doch was wir dir sagen wollen mit diesem Bild ist: Hier scheint für eure Zeitfrequenz (Frequenz von der 3. zur 5. Dimension) noch kein fließender Übergang von „Wünschen" zu „Empfangen" abzulaufen.

Aus unserer Sicht scheint es, dass die Wunschbestellungen schon sehr gut verstanden werden. Doch wie ihr wahrscheinlich selbst oft feststellt: Ihr habt alles getan, um eine Manifestation bis ins Detail in Gang zu bringen. Aus unserer Sicht sogar meist eine viel zu starke „Überarbeitung" eurer Manifestationen. Viele Manifestationen ertönen im Universum zig-tausende Mal. Wohlbemerkt von einer Person immer wieder derselbe Wunsch! Wir sagen euch: Das ist wahre Beschallung!

Denn schlussendlich würde es ausreichen, nur einmalig euren Wunsch auszusprechen, zu denken und fühlen. Dieser einmalige Wunschäußerung kreiert schon zu genüge den Wunsch als Materie, in der Form, in der ihr euch diese wünscht.

Schon im Moment eurer inneren Vorstellung ist die Materie kreiert. Denn die Vorstellung ist nur möglich, wenn das Erwünschte schon existiert. Somit könnt ihr davon ausgehen, dass jeglicher Wunsch schon längst in purer Existenz ist, schon bevor ihr daran denkt. Und dieser wiederum existiert in jeglicher Materiedichte. Also sehr dicht wäre die Kreation für eure Dimension auf Planet Erde. Etwas leichter, somit physikalisch gesprochen in Form „hellerer „Materie wäre dieser Wunsch existent für Dimensionen in höherer Schwingungsfrequenz. Gleich wo ihr euch somit aufhaltet, in welchen Frequenzfeldern auch immer, könnt ihr den Wunsch in der euch entsprechenden Form an Dichte bekommen.

Die Frage ist nun vielmehr: Warum könnt ihr den Wunsch als physische Materie aber oft doch noch nicht in eurem aktuellen Realitätsfeld wahrnehmen? Gleichwohl hier in der „Packstation des Universums" ein wahrer Rückstau der „Wunschpakete" festzustellen ist?

Wir denken, um weiter bildlich mit euch zu sprechen, steht so ziemlich auf jedem zweiten Paket: „Empfänger hat Paket zurückgesendet" Und auf allen anderen steht: „Unzustellbar, Empfänger verzogen". Wobei hier kein räumlicher Umzug gemeint ist, sondern ein energetischer Frequenz-Shift in andere Frequenzdimensionen.

Wir sehen hier somit zwei Themen, die nun für eure bewusste Weiterentwicklung zurück in die Fülle und Oneness zu praktizieren sind.

Punkt 1:

Nochmals als Bildsprache gesprochen: Ihr empfangt euren Wunsch. Und in dem Moment des Empfangens, schaut ihr das Paket an, und sagt dem Überbringer (Universum): das kann nicht sein, das ist nicht mein Wunsch. Oder als Variante zwei: Ihr erkennt euren Wunsch und in diesem Moment des Erkennens, schreckt ihr vor der wahren Größe zurück und schickt das Paket wieder zurück ins Universum.

Hier liegen zwei Phänomene vor.

In Fall eins erkennt ihr das Paket nicht wirklich. Ihr habt euch etwas gewünscht und in eurer Gedankenkraft nun von der Existenz des Wunsches eine klare Vorstellung, wie es aussehen sollte, und auch, in welcher Art und Weise die Materie sich zeigen sollte. Doch dann bekommt ihr ein

Paket, dass im ersten Moment so aussieht, als würde es sogar meist dem Gegenteil eures Wunsches entsprechen. Und ihr lehnt das Paket ab. Und verkrümelt euch wieder in ein Dauerschmollen gegen das Universum in eure schon bekannte Komfortzone. Was immer ihr wünscht, kommt jedoch immer zu euch. Nur wie und in welcher Form, das ist die Freiheit des Universums. Bedeutet: Selbst wenn der Wunsch in Materie als das genaue Gegenteil zu euch kommt, ist es doch das Tor zu eurem Traummanifest. Gerade ist oft das Gegenteil zuerst zu durchleben, um dies zu erkennen. Und in diesem Erkennen eure Frequenz auch dauerhaft auf die Frequenzebene eures Wunsches zu erheben. Ja, meist zeigt sich dieses Gegenteil als „Herausforderung". Doch die wenigsten von euch nehmen die Herausforderung an. Sondern, in frequenzisch gesprochen, gehen sie lieber wieder in ihre alte Frequenz zurück. Das bedeutet: Ein Zurückgehen in die schon bekannte Frequenzschwingung bildet mit dem Wunsch nun keine gleiche Schwingungsebene mehr. Dein Wunsch in Materie schwingt auf einer anderen Wellenlänge, wie du nun. Obwohl du vorab durch all´ deine Rituale genau in der Schwingungsfrequenz deines Wunsches schon warst. Du hättest diese nur halten dürfen und dankend die Herausforderung annehmen dürfen. Denn gerade diese Art Herausforderung, ist meist die Abkürzung zu deinem Traumwunsch. Das ist, wie das Universum funktioniert. Eben in Quantum Leaps und nicht linear, so wie eure Vorstellung von „Wunscherfüllung" ist.

Um diese Art Materie nun empfangen zu können, braucht es meist Mut und etwas Wagnis. Mut, Dinge zu tun, die du vorher wahrscheinlich noch nie getan hast. Doch ist es nicht auch so, dass du dir gerade etwas gewünscht hast, was du auch noch nie zuvor als Realität hattest? Somit schon alleine dein Wunsch als solcher eine ganz neue Realität kreiert? Natürlich immer in der Kraft deiner höchsten Seinskraft und Herzmagie. So ist es doch mehr als logisch, dass auch die Erfüllung des Wunsches nicht unbedingt deinen gewohnten Gedankenbahnen und Vorstellungen entsprechen kann. Sondern in einer neuen Art und Weise sogar erscheinen muss! Oder? Wenngleich sich diese wie gesagt im ersten Moment gerne als „Herausforderungen" outen! Diese Art Herausforderungen fühlen sich oft unbequem an. Und vielleicht auch angstvoll. Zumal du ja auch deine Geschichte (des Schmerzes) hast, so über Inkarnationen gesehen. Das können wir verstehen. Doch gleichsam gilt, dass jeglicher Wunsch nur auf Dauer auch zu dir kommen und vor allem auch bleiben kann, wenn du deine eigene Schwingungsfrequenz auf die Frequenz des Wunsches einstimmst! Wie gesagt, das Universum spricht nur „frequenzisch". Es ist weder böse. Noch möchte es dir etwas Böses. Gleich, was immer zu dir kommt: Es ist immer FÜR dich!

Das zweite Phänomen dieses Punktes ist, dass ihr euren Wunsch in Materie plötzlich als so mächtig empfindet und euch dessen nicht würdig. In keinster Weise seid ihr euren „mächtigen" Wünschen nicht würdig. Im Gegenteil, ihr seid Gott-Bewusstsein und jeglicher Form an Wünschen und Erfüllung dieser ist euer Normal. Zumal ihr außerhalb von Planet Erde sogar ganze Planetensysteme mit uns allen gemeinsam kreiert. Nur um eine kleine „Größenvorstellung" eurer wahren Kräfte und eures Gott-Seins mitzugeben. Du siehst, dahingegen erscheint selbst der größte deiner Herzenswünsche wahrscheinlich nun sehr klein. Womit wir kurz erklären möchten: Es gibt keine großen und kleine Wünsche. Sondern die scheinbare „Größe" ist mehr ein inneres Glauben euerseits, was nun welchen scheinbaren Wert hat. Jeder Wunsch hat einfach eine bestimmte Frequenz. Und sobald ihr diese Schwingung bewusst in euch tragt, kann der Wunsch in eurer Realität physisch sichtbar werden.

Auch hier sei als kurze weitere Anmerkung genannt: Grundsätzlich tragt ihr jede Frequenzschwingung in euch. Somit müssten die Wünsche als physische Materie nur so in jeder Dimensionsfrequenz magisch zu euch kommen. Der einzige Grund dahinter ist, dass ihr nicht daran glaubt, dass wirklich alle Wünsche wahrwerden können. Oder ihr glaubt, es muss schwer sein, sich xy zu wünschen. Und diese Art der Limitierungen, die nur in euch existieren, kreiert natürlich genau diese Realität: Die Realität, dass es schwierig oder langwierig sein muss, dass xy als physische Materie zu euch kommt. Denn in Wahrheit kreiert ihr nun vor euren eigentlichen Herzenswunsch nun die „Wunschfrequenz": Es muss schwierig und langwierig sein. Und damit sich nun euer Herzenswunsch erfüllen kann, muss nun zuerst der davorgestellte „Frequenzwunsch (langwierig und schwierig) erfüllen, damit endlich der Herzenswunsch zu euch kommen kann. Wenngleich ihr euch dieser frequenzischen Mechanismen wenig bewusst seid! Lange Wartezeiten auf euren Wunsch sind also nur daraus resultierend, anhand der Summe an unbewussten Limitationen und Vorstellungen, die ihr über den Weg der Erfüllung eures Wunsches habt. Oder unendlich schwieriger Herausforderungen, die es zuvor scheinbar zu meistern gibt. Aber eben nur, weil ihr selbst euch diese durch eure Gedanken erschaffen habt! Das ist ziemlich verrückt, oder? Und müsste übrigens alles nicht sein.

Kommen wir aber noch einmal kurz zurück auf Fall zwei: Ihr fühlt euch des Wunsches nicht würdig. Und aufgrund dieser Annahme kommt er wieder zu uns zurück! Ein gut greifbares Beispiel dafür sind eure Lottogewinner. Oder gerne auch andere Menschen, die in einer sehr kurzen Zeit in ihrem Leben plötzlich eine vollkommen neue Realität haben. Gerne in diesem Beispiel in Form als eine große Menge Geld. Und Geld erfüllt bekannterweise eine Menge eurer Materiewünsche auf diese Weise.

Doch tritt dies ein, so sind gerade diese Menschen so überrascht, dass meist das Geld wieder schneller weg ist, als es zu ihnen kam!

Gleich, wie groß sich somit eure manifestierten Pakete anfühlen, fühlt euch würdig, sie einfach zu empfangen und zu genießen. Denn gleich, was physisch in Realität zu euch kommen mag, es ist wie gesagt immer für euch. Und ihr seid würdig. Denn, um dies nochmals zu betonen: Ihr seid Gott-Gewahrsein.

Kommen wir zu Punkt 2: Empfänger ist umgezogen!

Wie meinen wir dies?

Stellt euch vor, ihr habt einen bestimmten Wunsch. Und tagein tagaus denkt ihr an den Wunsch. Was nebenbei bemerkt nicht nötig ist. Aber euch scheinbar hilft, in der Frequenz des Wunsches eher zu bleiben. Und somit dieselbe Frequenz zu halten, um diesen auch zu empfangen.

Doch dann kommt der Moment, in dem ihr bemerkt, dass der Wunsch eben doch nicht so schnell wie erhofft, sich in eurem Leben zeigt. (Wir erinnern: Wegen der eigenen unbewussten inneren Limitationen). Und in diesem Moment verlasst ihr die Frequenzschwingung eures Wunsches. Meist ist dieser Moment kurz vor Empfangen des Wunsches.

Warum ist dies so?

Bis zu diesem Wunsch habt ihr meist eine wahre Transformation hinter euch. Alle scheinbar alten Themen habt ihr meisterhaft angeschaut. (warum „scheinbar alte Themen" darauf gehen wir etwas später ein, wie wir dies meinen)

Was immer ihr glaubtet, was zwischen euch und eurem Wunsch stehen würde, habt ihr energetisch aus dem Feld gereinigt. Und nach eurem besten Gewissen nun die klare Energie, die in eurer Vorstellung der Wunsch als Frequenz ebenfalls verkörpert. Und diese Frequenz haltet ihr nun. Haltet sie weiter durch eure Gedanken und spirituellen

Praktiken. Vertraut, vertraut weiter. Und versucht auch weiterhin zu vertrauen. Doch scheinbar möchte euer Wunsch nicht in Erscheinung treten. Und so beginnt ihr am Vertrauen zu hadern. Und sucht weitere Themen, die zwischen euch und eurem Wunsch stehen könnten. Woraufhin ihr bestimmt auch fündig werdet. Also löst ihr die nächsten Themen. Doch der Schlüssel liegt nicht im Lösen alter Themen, sondern in der Energie eures Haderns und Zweifelns. Anstatt zu vertrauen und im Wissen zu bleiben, dass der Wunsch schon längst da ist, kreiert ihr eine Realität des Haderns und Zweifelns. Durch eure eigenen Gedanken und Emotionen. Da ihr diesen Feldern, wiederum durch eure Vergangenheit, vertrauter seid, ist es euch auch leichter, diese Energie zu halten. Und somit übersetzt haltet ihr die physische Realität des Zweifelns und Haderns. Der negative Kreislauf besteht nun darin, dass ihr immer mehr und mehr hadert. Bis ihr den Wunsch als „nicht erfüllbar" deklariert. Auch das Lösen weiterer Themen erscheint euch nach einer Weile als sinnlos. Und ihr gebt den Wunsch auf. Und so auch die Frequenz des Wunsches. Dieser Moment geschieht meist kurz bevor eure Wünsche physische Realität in eurem Leben werden. Genau dann, wenn das Universum zum perfekten Zeitpunkt (nach eurer Zeitrechnung) euren Wunsch liefert. Genau in dem Moment, in dem ihr somit wieder als Empfänger in eine andere, meist alte, Schwingungsfrequenz wieder eintaucht. Meist der Frequenz von Verzweiflung und Frust. Und somit ist aus Sicht des Universums das Paket, also eure Bestellung, nicht mehr zustellbar. Schlicht und ergreifend, weil nun nicht mehr die Frequenzbereiche zwischen Wunsch und

Besteller übereinstimmen. Daher: Vertraue! Lass´ dich fallen, in den Fluid des Universums. Und gehe nur noch tief davon aus, dass alles, was zu dir möchte, definitiv zum richtigen Moment auch zu dir kommen wird. Und mit alles, meinen wir wahrhaftig ALLES!

Wir möchte noch kurz auf die zuvor in Klammer erwähnten Worte eingehen: das Lösen vergangener Themen aus eurer scheinbaren Vergangenheit. Warum scheinbar, warum scheinbare Themen?

In einer linearen Darstellung eurer Geschichte als Menschheit auf Planet Erde existiert ihr in einer Vergangenheit, Gegenwart und Zukunft. Ebenso auch über unterschiedliche Inkarnationen. Gleich in welcher Zeitform oder Dimension habt ihr unterschiedliche Erfahrungen erlebt. Angenehme und weniger angenehme Erfahrungen. In der Kraft des Feldlesens seid ihr nun so weit, eure eigenen Erfahrungen der „Vergangenheit" anzuschauen. Das kann hilfreich sein, um Strategien und Muster aus eurem aktuellen Leben zu durchschauen, wo sie ihren Ursprung haben. Und so seid ihr in der Lage, euch in der Gegenwart jegliches Verhalten zu erklären, und aufgrund der Erklärung auch zu verändern. Vor allem, wenn eure Verhaltensmuster euch nicht sehr dienlich sind. Gleichzeitig liegt aber auch genau in diesem Wissen die Gefahr, jegliche „vergangene" Erfahrung zu hinterfragen und auf ein aktuelles Thema oder einer Herausforderung wieder neue Ursachen und Erlösungen zu kreieren. Fakt ist hierbei: Ihr seid unendlich alte Wesen. Ihr lebt seit Anbeginn der Universen, seit Anbeginn jeglicher Existenz. Somit könnt ihr euch gut vorstellen, dass ihr

89

wahre Schatzmeister im Entdecken vergangener Ursachen werden könntet.

Doch ist euch dies auch dienlich? Wohl kaum. Und absolut unrelevant, um in der Gegenwart eure Träume zu manifestieren.

Jeder Moment des Seins birgt in sich das Momentum vollkommener Transformation. Alleine der Moment der Entscheidung ist wichtig, um sofort alles zu verändern. Jeder von euch hat seine Geschichte. Sie ist gespeichert in eurer Ur-Essenz. Und im eigenen Buch des Lebens! Jegliche Erfahrungen, Erlebnisse und Leben sind somit festgehalten in „der Matrix des Universums". Alles ist Energie. Und Energie kann nicht verloren gehen. Sondern sich nur transformieren. Jegliche Energien, die eine Erfahrung zum Beispiel waren, sind existent. Das ist der Grund, warum ihr euch bis heute an alle eure „vergangenen" Erfahrungen durch telepathische Fähigkeiten wieder erinnern könnt. Tatsache ist hierbei sogar, dass sie nicht vergangen sind. Sondern sogar „parallel" und im Feld ohne Zeit und Raum auch alle gleichzeitig stattfinden, um in eurer linearen Vorstellung dieses Phänomen im Ansatz begreiflich zu machen.

Aber würdet ihr wahrhaftig all´ eure „vergangenen" Erfahrungen „aufarbeiten", so werdet ihr über Leben nicht mehr damit fertig, euch nur noch mit der scheinbaren „Vergangenheit" zu beschäftigen. Die sich, da ja nicht vergangen, sondern mehr parallel stattfindend, auch immer wieder weiterentwickelt.

Was wir sagen möchten ist: Hört auf, in eurer Vergangenheit herumzustochern. Vielleicht als Hobby interessant, einfach um des Wissens wegen. Und ja, durchaus wichtig für andere Bereiche des Lebens. Aber nicht um eure Träume zu manifestieren!

Der Moment der Kreation eures Wunsches ist ausreichend, dass der schon längst existierende Wunsch in Form von Materie in euer Bewusstsein kommt. Einzig ausreichend, dass der Wunsch auch in eurer physischen Realität existiert, ist das vollkommene Vertrauen, dass es so ist! Anstatt zu hadern, vertraue darauf, dass es so ist!

Gehe einfach davon aus, dass nichts anderes als dein Wunsch einfach existiert. Nimm´ es als Annahme! Als „So ist es"! Ohne jegliche Zweifel und Unglaube wieder aufkommen zu lassen. Das ist alles.

In diesem Moment öffnest du dich für pures Empfangen jeglicher Wunschträume in Materie! Denn du beginnst dadurch, deine vollkommene „Gott-Frequenz" einzunehmen. Das, was du schon immer warst, bist, und sein wirst. Oder in anderen Worten: Du beginnst, alle Limitationen und inneren Grenzen, verursacht durch den Glauben an Trennung, vollkommen fallen zu lassen. Denn du beginnst zu WISSEN. Durch dein Spüren.

Verstehst du, wie wir das meinen?

Du kannst aufhören, dich zu verändern. Oder jemand „Neues" werden zu müssen. Oder etwas „Altes" loslassen zu müssen. Denn jedes Mal, wenn du dies tust, kreierst du dir folgende Energie: „Wenn ich xy loslasse/heile, dann kann yz sich in meinem Leben manifestieren".

Durch dieses „wenn", …dann!" kreierst du dir immer nur die physische Realität des „Wenn"! Und da es für euch meist schwer ist, xy z.B. vollkommen loszulassen oder vollkommen zu heilen, scheint es in eurem menschlichen Gewahrsein weiterhin zu existieren. Bewusst, meist jedoch mehr unbewusst. Sobald dann wieder eine Herausforderung in euer Leben schneit, macht ihr dieses „xy" wieder dafür verantwortlich. Ihr bleibt an diesem „xy" hängen! Und euer „Wenn" existiert ewiglich! Nach eurer Definition kann somit also nie das „Dann" eintreten. Und euer Wunsch, der dieses „Dann" im Grunde definiert, kann sich somit niemals erfüllen.

Was wäre aber, wenn es vollkommen in Ordnung ist, dass „xy" existiert? Sogar a,b,c, d, e, f, (als Synonym für vergangene Ereignisse und bis heute daraus kreierte Muster und Folgeereignisse, ...)? Was, wenn alles sein darf? Und ihr nichts mehr heilen, erlösen oder loslassen müsstet? Sondern, was immer geschah und geschieht, euren Frieden damit findet. Vielleicht mehr in der Energie von: „Spannend, was alles in meiner aktuellen physischen Realität existiert!" oder „Spannende Erfahrung". Und das schon ausreichen darf, alle weiteren „Trigger-Energien" oder „Wenn, …dann´s" loszulassen!

Anstatt einen nächsten „Hype" daraus zu kreieren, darf „xy" einfach parallel existieren! Und ihr bleibt weiter im Vertrauen, dass euer Wunsch schon längst manifestiert ist und auch physisch für euch nun in Erscheinung tritt.

So würde sich der Fokus zunehmend nur noch auf das „Empfangen" ausrichten. Und nicht mehr in irgendwelche „Wirren" der Vergangenheiten oder irgendwelcher Parallelgeschichten!

Der Schlüssel, dass Wünsche physische Realität in eurer Gegenwart werden, ist euer pures Öffnen des Empfangens und des „es darf alles sein, wie es ist"! Es ist ein Öffnen hin zum Leben. Hin zu tiefstem Vertrauen. In euch selbst. Wie in die magischen Energien des Universums. Anstatt euch neue „alte" Geschichten wieder zu erzählen, warum dies oder jenes nicht für euch funktioniert, richtet euch nur noch auf das Empfangen des Wunsches aus!

Nach einmaligem „Absenden" deines Wunsches brauchst du nur Folgendes tun: Stelle dir vor, wie du dich fühlst, wie du lebst, wie du agierst, …, wenn dein Wunsch physische Realität ist. Gehe stets davon aus, dass er auf jeden Fall Realität wird (erinnere dich, was wir dir schon mitgeteilt haben). Denn es existiert schon alles. Und alles andere darf einfach „daneben" weiter existieren. Du kannst nicht das (dein) Universum komplett aufräumen und ordnen. Das wäre auch nicht im Sinne der Schöpfung. Sondern alles darf einfach sein. Und du wählst aus diesem riesigen Cocktail an Möglichkeiten einfach die Dinge aus, die du haben und erleben magst. Das ist schon alles.

Spürst du, wie von dir nun alle Last abfallen darf? Die Last der Vergangenheit. Die Last, vielleicht dein Leben lang heilen zu müssen, um irgendwann als „Belohnung" deine

Träume leben zu dürfen. Die Last, erst jemand anderes sein zu müssen, um deinen Traum zu erleben!

Sondern „DU BIST". Und allein der innere Switch von „hartem Arbeiten", „Dauer-Tun" „erst würdig werden" und vieles mehr darfst du nun endlich loslassen.

Und anstatt dessen einfach „DU SEIN", hin mit dem inneren Switch, dass du genug bist und alles empfangen kannst, einfach, weil DU BIST! Und neben dir und all´ deinen „Geschichten" einfach nun eine neue Geschichte sich gerade formen darf: Nämlich die Geschichte, deines Traumlebens!

Und dazwischen nimmst du das Leben einfach an, wie es kommt! Je mehr du in tiefstem Vertrauen in das Leben und in dich selbst eintauchst und das Leben ab diesem Moment einfach zu dir fließen lässt, desto mehr wirst du pur du in deiner „Gott-Gewahrsein-Schwingung" leben. Oder in anderen Worten: All´ deine Mauern und Limitationen „fallen lassen". Oder sollen wir besser sagen: „Sie da sein lassen, wo sie einfach sind!". Denn auch diese gehören zu dir. Doch sobald du sie nicht mehr fokussiert, sind sie einfach. Und du wirst trotzdem pur dein Traumleben mehr und vieles mehr magisch zu dir ziehen.

Spürst du, wie all´ die Anstrengung des „Hinter deinem Traumleben hinterherrennen", nun einfach von dir abfallen darf? Herrlich, oder?

Sei einfach du! Und spring ins volle Leben! So, wie ein Kind! Kinder könnten eure wahren Vorbilder in Sachen Manifestation sein. Schaut ihnen zu! Sie vertrauen vollkommen, dass sich ihre Wünsche alle erfüllen. Da sind keine Zweifel oder Bangen. Sie wissen: So ist es! Und lassen erst gar keine Zweifel zu. Sie sind im vollkommenen JETZT! Und im Jetzt kreieren sie. Und bleiben einfach in der Annahme, dass xy auch einfach für sie nun existiert.

Kinder, die tief in ihrer Essenz, dieser tiefen Wahrheit, bleiben dürfen, ihnen werden alle Wünsche erfüllt. Denn sie leben euch als Erwachsene vor, wie die Wahrheit des Universums wirklich funktioniert. Schaut es euch ab und lernt von euren wunderbaren Kindern.

Natürlich möchten wir dir auch heute gerne weitere tiefe Fragen mitgeben. Fragen, die dich darin unterstützen mögen, selbst zu erkennen, wo deine ganz persönlichen Wünsche „feststecken". Denn wie gesagt: Alles, was du aus Herzensenergie heraus dir wünschst, ist immer für dich. Und daher laden wir dich ein, wie ein Detektiv auf die Suche der wahren Gründe zu gehen, warum der Wunsch noch nicht bei dir ist.

Wir wünschen dir nun mit folgenden Fragen viele tiefe Erkenntnisse und Freude:

„Welche Wünsche hast du aktuell? Schreibe sie alle in dein Journal auf."

„Kommen diese Wünsche wahrhaftig aus deinem Herzen?" (Oder aus gesellschaftlichen Normen/Verstand/ Programmierungen, ...?)

„Erlaubst du dir auch „große" Träume?"

„Kannst du die Träume und Wünsche schon jetzt in dir fühlen und sie wahrnehmen, als wären sie schon bei dir (selbst, wenn deine äußere Realität noch ein anderes Abbild zeigt)?"

„Wenn du genau hinschaust: Was von all' deinen Wünschen ist schon längst in deinem Feld, und du hast es bisher noch nicht bemerkt?"

„Spüre in dich: Fühlst du dich würdig, alle deine wundervollen Wünsche wahrhaftig anzunehmen und zu erfahren?" Falls nicht: Was braucht es, dass du in dir tief dich als Gott-Gewahrsein annehmen kannst?"

„Spüre in dich: Fühlst du dich schon auf der Frequenz deines Wunsches? Falls nicht, was braucht es, dass sich dein inneres Gewahrsein darin verändern kann?"

„Spüre in dich: Neigst du dazu, deine Vergangenheit dafür verantwortlich zu machen, warum dein Wunsch noch nicht bei dir ist? Was braucht es in dir, diese als Erfahrung anzunehmen und dafür ab heute im Hier und Jetzt dein Leben nur noch aus dem Momentum zu definieren?"

„Spüre in dich: Kannst du dich schon vollkommen für deinen ganz eigenen Neubeginn für dein Jetzt-Leben öffnen? Alles andere, lasse nun los!"

„Nach Lesen unserer Worte: Was hast du für dich erkennen können, ist der wahre Grund, warum deine Wünsche bisher noch nicht bei dir in der Realität sind? Und was darfst du ab heute nun verändern (in dir oder vielleicht durch „Inspired actions"), damit deine Wünsche zeitlos zu dir kommen können?"

Um genau diese letzte Frage tiefer beantworten zu können, laden wir dich auch heute zu einer transformativen Meditation ein. Diese Meditation mag dir dienen, klar zu erkennen, wo dein Wunsch bisher „hängen" bleibt! Wir werden nun mit dir gemeinsam eine Reise machen. Diese Reise wird dich zuerst zum Quantenfeld führen. Dem Feld, in dem sich deine Wünsche aus den göttlichen Energieelementen zu Materie formen. Wir laden dich ein, in dieses Feld gerne deine tiefsten Herzenswünsche heute mitzunehmen und sie als Informationen in Form von Bildern, Worten, Lichtfrequenzen auf dieser Ebene selbst zu formen und anschließend als Erscheinung wahrzunehmen. Doch damit wird die Reise nicht enden. Sondern dann möchten wir dir die genauen Details zeigen, wie von dem Quantenfeld der Wunsch zu dir kommt. Nicht in der Form des „Wie" des genauen Weges! Denn das ist natürlich die Magie und das Geheimnis des Universums weiterhin. Allerdings möchten wir dir zeigen, wo dein Wunsch gerade festhängt und was du tun kannst, damit sich für deinen Wunsch Zeit und Raum endgültig auflösen. Und dein Wunsch schon in Kürze zu dir kommen kann. Bist du bereit, für diese spannende Erfahrung?

Sozusagen in diesem Momentum hinter die Kulissen des Universums einmal Einblicke zu bekommen?

Dann lass´ uns durchstarten: Wähle daher nun weise einer deiner Wünsche aus und beginne mit diesem deine erste Reise in die Unendlichkeit der Wunschkreationen des Universums. Wir wünschen dir unendlich tiefe Erkenntnisse von tiefstem Herzen.

Die Meditation „Wunsch-Kreation" findest du folgend als Download:

****

Meditation „Wunsch-Kreation"

Download:
https://ruthverenaweber.tentary.com/p/KcLf2e

Code: Starbeing

****

Hast du alle Irrtümer deiner Gedanken und inneren Vorstellungen über die Kreationen von Wünschen in dir tief verändern können? Was, wenn das Leben nun sehr leicht ab heute zu dir fließen möchte? Das wünschen wir dir auf jeden Fall von tiefstem Herzen.

Einen abschließenden Zusatz zu diesem Kapitel möchten wir noch gerne hinzufügen. Doch vielleicht hast du es schon längst selbst während der Meditation bemerkt. Kennst du den Unterschied zwischen Herzenswünschen und „Fake-Wünschen"? Was meinen wir mit „Fake-Wünschen"? „Fake-Wünsche" sind Wünsche, die nicht wirklich deine Wünsche im Grunde sind. Es sind Wünsche, die du von deiner Umwelt zum Beispiel aufgenommen hast. Oder Wünsche, die aus einem veralteten inneren Glaubensmuster oder Annahme kommen, wie zum Beispiel, dass du xy erst haben/ besitzen musst, damit du zum Beispiel in der Gesellschaft um dich herum endlich anerkannt wirst. „Fake-Wünsche" sind im Grunde alle Wünsche, die nicht deinem Herzen, deinem tiefsten Purpose und deinem höchsten Gewahrsein entspringen. Es sind Wünsche, die du nur hast, um irgendwas oder irgendwer für das Außen zu sein. Aber tief in dir, dir selbst nichts bedeuten. Diese Art der Wünsche wird so nicht funktionieren. Diese ergeben auf Herzensebene für deine Seele keinen Sinn. Daher werden sie auch nicht wirklich Materie bzw. physische Realität werden. Daher hinterfrage deine Wünsche auf deiner Wunschliste: „Sind dies´ Wünsche, die du dir wirklich von tiefstem Herzen wünschest? Oder sind es „Fake-Wünsche"?" Alle Fake-Wünsche streiche von deiner Liste und dann fokussiere dich ausschließlich nur noch auf deine Herzenswünsche. Du wirst sehen, sie werden sich schneller erfüllen, denn je! Denn sie sind es, die in dein Leben möchten! Und die mit dir gemeinsam den Zauber auf Planet Erde wieder aufleben lassen möchten! Und du wirst sehen: dann wird dein Leben wirklich magisch!

Tag 7 Besiege deine tiefsten Ängste

Angst ist ein Teil des Erdenkonzepts, jedenfalls in eurer gerade existierenden physischen Realität. Entsprungen aus dem „Feld der Trennung". Sozusagen eine „Nebenwirkung" aus diesem Feld. Doch was ist die Angst in ihrer Realität? Existiert sie als Realität oder ist sie wahrhaftig nur eine der Formen der Illusion?

Vielleicht sollten wir daher zuvor erst einmal die Definition von Realität und Illusion näher betrachten. Illusion ist die Realität, die jeden einzelnen von euch umgibt. Jeder kreiert sich durch seine innere Weltanschauung die ganz eigene Realität. Eine Form, die basiert auf euren eigenen Glaubensmuster, Ansichten und Programmierungen, die ihr aktuell als Art „Schallplatte" wieder und wieder täglich spielt. Jeder einzelne von euch, wie auch als Kollektiv! Und aus dieser Schallplatte kreiert sich dann die gesamte Realität eures äußeren Erlebens.

Wenn man so möchte, existieren Unmengen an Illusions-Realitäten zum gleichen Moment. Jeder einzelne von euch kreiert sich seine eigene Illusion, als physische Realität. Und in Bereichen, in denen sie mit anderen überlappen, könnt ihr euch selbst begegnen. Sozusagen als kollektive Illusions-Realität! (wie groß auch immer in diesem Fall Kollektiv definiert wird).

Die Emotion Angst ist nur Teil dieses illusionären Spieles. Doch woher kommt die Angst? Woher kommen Probleme und Herausforderungen? Wer kreiert sie? Wo entstammen sie?

Angst hat ihren Ursprung im Nichtwissen von Geborgenheit und Vertrauen. Im Nicht-Erkennen und Nicht-Erinnern der Oneness. Oder dem Spüren des „Fülle-Universums". Durch dieses Gefühl der Trennung in euch, fühlt ihr euch alleine. Und durch dieses Gefühl des Alleinseins kreieren sich daraus plötzlich neue Frequenzschwingungen. Frequenzschwingungen, die jedoch nur in diesen Feldern, wie dem aktuellen „Feld der Trennung auf Planet Erde" aufrecht erhalten bleiben können. Außerhalb dessen könnte zum Beispiel die Frequenz „Angst" zwar auch existieren. Aber sie werden keine Auswirkungen mit sich bringen! Denn im „Feld der Fülle" können sie im Grunde einfach nirgends andocken! Es ergäbe darin einfach keinen Sinn, mit der Frequenz „Angst" in Resonanz zu gehen! Im Vergleich zum „Feld der Trennung".

Somit ist die Angst einfach eine Frequenzschwingung aus dem illusionären „Feld der Trennung". Die ihr ausgewählt habt, zu erfahren.

Wüsstet ihr im „Feld der Trennung", wer ihr wahrhaftig seid und würdet ihr vollkommen in eure eigenen, wie auch die Kräfte des Universums vertrauen, so bräuchtet ihr die Illusion der Angst nicht weiter aufrecht erhalten. Sie ergäbe schlichtweg keinen Sinn. Warum aber haltet ihr an dieser Illusion weiterhin fest? Warum fällt es euch bisher noch so schwer, die „Schleier des Vergessens" zu lösen, und euch wieder vollkommen auf das Spiel des

Universums einzulassen? Und aus dem „Feld der Trennung" auszubrechen? Warum gebt ihr den Illusionen wie Angst einen so großen Spielraum?

Logischerweise, der eine Punkt ist das Nicht- Wissen über die Wahrheit des Universums. In etwas, sprich dem „Fülle-Universum" zu vertrauen, dass ihr nicht physisch erkennen könnt, erscheint logisch.

Doch wo ist dieser andere Teil in euch. Dieser Teil, der tief in sich spürt, dass es noch mehr geben muss, als das eure physische Realität zeigt. Was also gibt euch die Angst und die damit verbundenen Ereignisse, die sich aus dem Zelebrieren der Angst wieder und wieder ergeben?

Was, wenn „Angst" eine Form der Illusion ist, um euch tiefer denn je in eurem Gewahrsein zu erfahren? Oder anders gesagt: Wärt ihr immerfort in der Oneness, wäre es dann möglich, euch zu erfahren? Wohl kaum! Doch was ist der wahre Grund hinter dem Festhalten an den Feldern der Angst?

Es ist die Angst, nichts mehr zu spüren! Denn ohne Angst würdet ihr pur in eurem wahren Präsenzsein beginnen wieder zu existieren. Und so erschafft ihr euch immer weitere Felder der Angst, um euch selbst bloß nicht im tiefsten Kern eures wahren Seins zu begegnen.

Angst ist dafür eine wunderbare Ablenkung. Solange ihr Ängste spürt, und weiter sogenannten Problemen daraus kreiert, seid ihr beschäftigt! Seid ihr im Dauer-Tun! Habt ihr eine eigene Aufgabe! Eine, die euch teilweise an den Abgrund eurer physischen Lebendigkeit bis hin zu tiefstem Schmerz oder Krankheit sogar bringen kann. Aber ihr hegt sie meist wie ein Feuer, dass niemals ausgehen darf. Denn solange ihr die Angst hegt, solange seid ihr beschäftigt. Solange gibt es aus dieser sich wieder und wieder sich selbstkreierende neue Aufgabenfelder.

Was würde also somit passieren, wenn ihr entscheiden würdet, ab heute den Ablenkungen der Angst den Rücken zuzukehren?

Stelle dir einmal kurz vor, wenn jegliche Angst in deinem Leben nicht mehr existieren würde: Was passiert dann mit dir? Wir wissen, im ersten Moment fühlt ihr euch großartig! Und das ist wundervoll! Doch im zweiten Moment bemerkt ihr, wie jegliche Definitionen über das Leben, dass ihr bisher geführt habt, ins Wanken kommen! Und ihr wärt plötzlich im Nichts! Bodenlos! Jedenfalls würde es sich für die ersten Momente so anfühlen. Ihr wärt plötzlich in tiefstem Gott-Gewahrsein mit euch selbst. Und genau dieser Zustand würde sich zuerst sehr ungewohnt, vielleicht sogar beunruhigend, anfühlen. Obgleich dieser Zustand der Schlüssel ist in einem der folgenden Schritte dann in purem Frieden anzukommen.

Alles wäre plötzlich so wie es ist, vollkommen harmonisch. Was wiederum aber auch bedeuten würde, dass es plötzlich nichts mehr zu tun gäbe. Denn in diesem Erkennen, würdet ihr auch erkennen, dass schon längst alles seinen wahren Platz gefunden hat!

Ihr könntet euch dann ins Leben fallen lassen! Denn plötzlich gäbe es nichts mehr zu retten, nichts mehr zu bewegen, nichts mehr zu verändern, ...! Stellt euch vor, alle Geschichten, die ihr euch jemals erzählt habt, hören nun auf, einen Sinn zu ergeben und brauchen keine weitere Fortführung in Dauerschleife? Denn alles, was bleibt, ist nun nur noch pure Präsenz, pures Gott-Gewahrsein!

Was würdet ihr dann mit eurem Leben anfangen? Genau darum existiert Angst! Denn sie verdeckt die Schleier, sich selbst in wahrer Präsenz, in seiner eigenen Größe im Jetzt zu begegnen.

Jetzt-Präsenz zu sein würde bedeuten, mutig zu sein. Bedeutet, keine Geschichten sich selbst und anderen mehr erzählen zu müssen. Und zu erkennen, dass alleine das Sein ausreicht, genug zu sein! (Stellt euch schon einmal die Fülle an Geschichten vor, die ihr euch seit Jahrtausenden erzählt, in denen ihr scheinbar niemals genug ward! Sie haben nun keinen Sinn mehr!) Denn alle Geschichten aus diesem Leben oder auch vergangenen Leben sind nun maximal zu erkennen, als eine Erfahrung. Eine Erfahrung eines bestimmten (selbsterwählten) Themas, welches bis dato vielleicht sogar die Definition des Sinns des Lebens gegeben hat. Und dieser Sinn wiederum weiterführend Handlungen und neue Herausforderungen kreiert hat, die einen vielleicht sogar das ganze Leben hindurchführten. Doch sobald erkannt wird, was die Ursache dieses eigenen Lebensfadens ist, somit der Ursprung der Existenz auf einer Illusion beruht, die just in diesem Moment nun durchschaut wird, was bleibt dann am Ende übrig?

Es bleibt das Alles und das Nichts! Eben man selbst in purer Jetzt-Präsenz!

Es ist das Gefühl puren Verloren-seins, und gleichzeitig dem puren Neubeginn zugleich. Sterben und Leben zugleich. Plötzlich wieder zu einem „unbeschriebenen Blatt" zu werden, für das wieder alles möglich ist! Wenn man so mag: Ein „Reset auf null"! Und doch gleichzeitig existierend in der Weisheit der gesamten Erfahrungen, die doch gleichzeitig das Erleben zillionen von Illusions-Realitäten darstellt. Aber sind sie Vergangenheit? Nein! Sie sind alle im Jetzt! Denn ihr selbst seid sie! Im Jetzt, jede einzelne abrufbar. Und doch gleichzeitig entkoppelt von sich selbst. Gleichzeitig Beobachter des eigenen Seins. Denn jegliche vorherigen Definitionen von sich selbst, haben sich in diesem Momentum genauso aufgelöst. Und es wird zum Momentum purer Freiheit und gleichzeitig purem Verloren seins. Weil genau dieser Zustand absolut unbekannt und neu ist. Es ist der Neubeginn purer Freiheit, sich nun neu zu definieren!

Was aber nun? Wo sich das Spiel der Persönlichkeiten, Definitionen und Illusionen durchschaut hat? Das Spiel verliert an Glanz! Denn in diesem Moment durchschaut man die gesamte göttliche Wahrheit! Jegliche Manifestation ist durchschaut. Erkannt als das, durch deinen Ausdruck im Sein, sich jegliche äußere Realität kreiert. Gleichzeitig erkennt ihr aber auch, dass jegliche Realität schon längst existiert und ihr als Gott-Gewahrsein schon längst ausprobiert habt. Ihr seid sie in diesem Moment sogar, da ja Zeit und Raum ebenfalls nicht existieren. Und somit auch Vergangenheit, Gegenwart und

Zukunft in jeglichen Nuancen sich gerade sowieso auch gleichzeitig abspielen.

Es ist nun nur noch ein Spiel des Switchens von Realitäten zu Realitäten, die eures Wunsches für das nächste Momentum entsprechen. Und ihr erkennt, dass ihr selbst die Seinskraft seid, die jegliche Räume und Zeiten in exakt diesem Moment aktuell kreiert!

So wunderbar dies nun klingen mag, stellst sich nun aber noch tiefer denn je die Frage nach dem eigentlichen Sinn des Lebens. Denn ist es nicht genau dieser, nach dem ihr in jedem Leben trachtet? Und nun erkennt ihr: Ihr könnt alles sein und haben! Weil ihr klar der/die SchöpferIn des eigenen Universums seid! Wo bleibt nun der Reiz, weiter zu kreieren? Was ist somit weiterhin so sinnstiftend, dass es euch weiter reizt, dafür von tiefstem Herzen und höchster Überzeugung zu gehen?

Und exakt in diesem größten Moment des Verloren seins flüstert euch das Universum zu: „Lass dich fallen"! Lass ab jetzt das Leben geschehen!"

Spürst du diesen Hauch des Universums? Hörst du dieses zarte Flüstern in dir?

Sich fallen lassen in purem Gott-Gewahrsein ist nun, wie die Reise möglicherweise weitergehen möchte. Denn ihr habt das Spiel der Angst durchschaut. Durchschaut als Ablenkung von eurem wahren Sein. Nun stellt sich nur noch die Frage, wie viele Limitierungen möchtest du weiterhin aufrechterhalten, um dich durch Illusionen jeglicher Formen der Angst spürbar lebendig zu erleben?

Was schlussfolgernd nun auch klar aufzeigt, dass wahrhaft jedes Bewusstsein im Universum sogar absichtlich diese Illusions-Realitäten kreiert, um sich zu erfahren. Und dies wiederum bedeutet, ihr dürft erkennen, dass wirklich niemand mehr gerettet werden muss! Sondern es maximal eines inneren Switches bedarf, um sich der Wahrheit des Universums bewusst zu werden. Und sein eigenes Leben sofort zu verändern. Durch diesen inneren Switch ist zu erkennen, dass es niemals „Opfertum" gab. Sondern alle Mitschöpfer des Großen Ganzen sind. Würde dies jeder von euch erkennen, so könntet ihr auch erkennen, dass nichts zufällig geschieht. Sondern alles in eurem scheinbaren Außen sich durch euer Sein und Kreieren geschieht. Wenngleich in dieser Annahme dahingestellt sei, inwiefern ihr diese Wege bewusst oder unbewusst bisher noch wählt.

Somit ist klar: Jeglicher Ursprung liegt in jedem von euch selbst. Und sobald ihr aufhören würdet, weiteren Ablenkungen und alten Geschichten nachzujagen, würdet ihr euch als die/den erkennen, die/der ihr wahrhaftig seid. Und euch selbst in eurer wahren Seinskraft schlussendlich begegnen.

Doch genau diese Frage ist oft jene, die ihr versucht zu umgehen! Denn sie ist unangenehm! Sie beinhaltet keine Schleier mehr! Sie beinhaltet keine Ausreden mehr! Sie beinhaltet keine Ablenkungen und Limitationen mehr. Sondern es ist die Begegnung mit euch selbst in wahrer „Rohform"!

Was fangt ihr nun mit eurem Leben an? Wer seid ihr somit, ohne all´ das drumherum? So als unendliche Wesen!

Vielleicht wirst du als erstes beginnen, dein wahres Traumleben zu manifestieren. Aber schon im Beginn dessen, fehlt nun möglicherweise plötzlich jeglicher Reiz. Denn es ist nur noch das Spiel der Materie! Und dieses erscheint nun plötzlich nicht mehr wichtig! Materie wird unwichtig! Dann versuchst du „Gutes" zu tun! Versuchst andere wieder einmal „zu retten"! Das ist wundervoll! Doch gleichzeitig spürt ihr, dass auch dies keinen Sinn mehr ergibt! Denn in diesem Erkennen, erkennt ihr auch, dass JEDER Gott-Bewusstsein ist, und dadurch selbst Schöpfer ist! Und selbst das „Retten anderer" steht nun in Frage! Selbst, wenn euer Gegenüber die größten Gefängnisse gewählt hat. Gefängnisse, um sich selbst darüber definieren zu können. Nur, um sich selbst im Gott-Gewahrsein nicht zu begegnen! Wenngleich dies unbewusst alles geschieht. (Und es vielleicht trotz allem erkennen, gerne eure Aufgabe sein darf, diese „Illusion" dem gegenüber zu erklären). Doch ihr wisst ebenso, sie werden sich auch nur selbst daraus befreien können. Denn sie sind Schöpferwesen, wie ihr selbst! Würdest du sie versuchen zu „retten", wäre das überhaupt dein Recht, dies zu tun? (Diese Frage möchten wir gerne so offenstehen lassen).

Was macht ihr nun also? Mit eurem wundervollen Leben, das gerade mutig jegliche Illusion der Angst durchschaut hat? Lasst ihr euch nun vom Leben einfach treiben? Lasst ihr euch einfach in die Wogen des Universums fallen? Was bedeutet dies nun?

Es würde zum Beispiel bedeuten: gleich wo immer ihr seid, oder was immer ihr tut: Ihr seid am richtigen Ort zur richtigen Zeit.

Es würde auch bedeuten, gleich, was in eure Leben „gespült" wird, ist für euch und ihr dürft es in eurem Leben willkommen heißen. Denn gleich, was es ist, ihr habt es selbst kreiert, um dich somit selbst zu überraschen. Und es liegt in jedem von euch selbst, aus all' den Überraschungen die nächsten Schritte eures Seins einfach weiter zu kreieren. Nicht mehr das Ziel wäre somit wichtig, sondern einfach nur noch das Durchleben des Lebens. Was so viel bedeutet, wie, dass jeglicher Druck von euch ebenfalls abblättern darf. Der Druck, bestimmte Ziele erreichen zu müssen, oder jemand bestimmtes sein zu müssen. Sondern ab diesem Moment des „Fallenlassens" gebt ihr euch einfach nur noch eurem Leben hin! Ziele, Resultate, oder auch Zahlen, Daten, Fakten, … . Sie sind einfach nicht mehr wichtig.

Wichtig ist nur noch das Erleben des Momentes. In seiner puren Intensität! In seiner puren Lebendigkeit! Und damit eröffnet sich nun das wahre Spiel des Universums für jeden Einzelnen. Ab jetzt geht es nur noch um die Erfahrung im Jetzt als pures Schöpferwesen. Emotion wird kein Trigger mehr, sondern ihr seid Beteiligte des Moments und gleichzeitig Beobachter des Momentums. Und nur schon die kleinste Veränderung in euch selbst, verändert gesamte Realitäten im Außen. Und alles beginnt sich wie eine Art „Fluid" um euch und mit euch zu formen. Es ist der Übergang pur in die Oneness. Denn durch das eigene „sich loslassen", geschieht gleichzeitig nun alles und gleichzeitig nichts! Warum also nicht einfach wieder über Planet Erde wandeln und wie ein neugieriges Kind das Leben zu euch fließen lassen? Denn wie gesagt: alles, was schon längst für euch bestimmt ist, wird sowieso zu euch fließen! Und das ganz ohne ziehen und zerren an der Materie!

Was, wenn der größte Schlüssel daher nur noch ist, sich während des Fallens in das Universum nun nur noch in purer Selbstliebe zu sich zu agieren, um so die letzte größte Trennung der Oneness aufzulösen?

Was, wenn es gilt, nur noch der Freude und dem inneren Lachen zu folgen, im Gewahrsein, dass dann sich für jeden Einzelnen „Himmel auf Erden" durch sich selbst kreiert?

Das ist der wahre Moment des Durchbruchs!

Das ist der Moment, wenn jeder von euch pur selbst ist. Und durch dieses „Pur Sein", begebt ihr euch in die höchsten Frequenzbereiche eures Seins. Wodurch aus dieser Seinskraft heraus wiederum nur das Beste zu jedem Einzelnen fließen kann, weil alles andere nicht mehr möglich ist.

Um dir diese Reise in dein „Gott-Gewahrsein" etwas zu erleichtern, möchten wir dir auch heute gerne wieder tiefe Fragen mit auf deine Reise in deine „Jetzt-Präsenz" mitgeben. Sie werden dich gerne dabei unterstützen, deine eigenen Gefängnisse und Ängste als genau diese zu entlarven. Und sie genau in diesem Moment pur zu verändern. Bis hin, dass du dich in die Wogen des

Universums wieder in vollkommenem Vertrauen fallen lassen kannst.

Folgende Fragen mögen daher nun zu dir:

„Was sind deine größten Ängste? Schreibe sie gerne stichwortartig auf."

„Im Betrachten deiner aufgeschriebenen Ängste, woher kommen sie im Ursprung?"

„Sind deine Ängste begründet? Oder kannst du sie schon als Illusionen entlarven?"

„Was kannst du selbst tun, um dich von ihnen zu befreien? (innere Arbeit, wie evtl. auch durch Veränderungen im Außen)"

„Kannst du dich schon vollkommen in das Universum fallen lassen? Wenn nicht, was hält dich bis heute noch davon ab?"

„Im freien Fall ins Universum: Welche noch nie geahnten Themen tauchen nun plötzlich auf? Und was braucht es in dir, um diese Themen einfach an dir durchziehen zu lassen?"

„Was macht dir mehr Angst: die Angst vor dem Dunkel oder dem Licht, im Sinne deiner wahren Größe?"

„Wer bist du ohne deine vielen Geschichten der Angst und des Schmerzes?"

„Kannst du dir vorstellen, wie ein Leben ohne Angst für dich aussehen könnte? (gerne aufschreiben)"

„Kannst du dein Leben heute so annehmen, wie es ist?"

„Bist du bereit, in jedem Momentum deines Lebens immer die Perlen zu entdecken und zu erkennen, es ist immer für dich? Denke daran, selbst, wenn dir das Leben Zitronen schenkt: Mache leckere Zitronenlimonade daraus!"

„Wenn du ab heute nichts mehr erreichen und sein musst: Wie darf sich nun dein Leben in purer Harmonie und tiefen inneren Frieden transformieren?"

„Was, wenn tiefer Frieden dein neues Normal sein mögen: Bist du schon bereit dafür?"

Wahrscheinlich durftest du schon während dem Beantworten der Fragen bemerken, dass es wirklich manches Mal gar nicht so trivial ist, diese Ängste loszulassen. Habt ihr euch doch schon über Jahrtausende daran gewöhnt. Und als Normal angenommen. Doch wie ihr auch wisst, ist nun die Zeit gekommen, wieder in die „Fülle des Universums" zurückzukehren! Und genau darum möchten wir dich zu folgender Meditation einladen. In dieser Meditation werden wir dich in eine deiner tiefsten Ängste hineinbegleiten (bitte wähle hier weise und sei dir bewusst, dass du diese Meditation alleine machst. Also wähle lieber eine „kleine Angst". Ansonsten bitten wir dich, dir Hilfe zur Unterstützung für das Durchschreiten deiner Ängste auf jeden Fall an deine Seite zu holen. Wie immer du entscheidest: Du bist für jegliche weitere Schritte natürlich stets selbst verantwortlich). Unsere Empfehlung ist daher, in dieser Meditation eine „kleine Angst" als Thema auszuwählen. Keine Sorge, du wirst in jedem Moment während der Meditation tief von uns begleitet und wir werden an deiner Seite sein. Wir die Wesen der Plejaden oder auch gerne selbsterwählte Wesen wie zum Beispiel gerne auch Engelswesen oder Wesen aus deinem geistigen Team.

Du wirst in dieser Meditation die Angst als Illusion entlarven. Du wirst ihren Ursprung erkennen. Und in diesem Erkennen wahrnehmen, dass sie dir im Grunde schon lange nicht mehr dienlich ist. Sondern lediglich Barrieren und Limitationen kreiert, die dich von deinem wahren Leben nur abhalten!

Und so wirst du dich selbst aus ihr befreien können. Frei von jeglicher Angst werden wir dich im zweiten Schritt dazu einladen, frei von allen Illusionen, dich in die Wogen des Universums im freien Fall fallen zu lassen. Ja, dieser Schritt benötigt sogar in einer Meditation Mut und tiefes Vertrauen. Doch wir laden dich ein, genieße diesen Moment! Denn dieser Schritt wird es sein, der wahre Tore der Befreiung auch für dein Leben nun öffnen wird. Bist du bereit, dich ab heute in den „freien Fall im Universum" zu fließen?

Dann lass uns durchstarten.

Die Meditation „freier Fall ins Universum" findest du unter folgendem Link als Download:

****

Meditation „freier Fall ins Universum"

****

Du hast nun die Schallmauer durchbrochen. Diese unsichtbare Mauer zwischen der Illusion und der Wahrheit. Kannst du schon spüren, wie tiefer innerer Frieden dich mehr und mehr beginnt nun zu erfüllen? Und du wieder das Kind in dir erweckt hast? Wieviel leichter wird es dir nun fallen dürfen, wirklich nur noch der Freude und der Leichtigkeit im Leben zu folgen?

Es ist dein Beginn. Ein Neubeginn in die Felder der Fülle! Ein Neubeginn deines Erinnerns tiefer denn je an die Wahrheiten deines Gott-Gewahrseins.

Magie und Zauber mögen dich nun tiefer denn je täglich begleiten.

Tag 8 Alles ist für dich bestimmt!

Du hast im letzten Kapitel die Schallmauern durchbrauchen. Jegliche Illusionen werden sich nun im Laufe der irdischen Zeit für dich als genau diese erkennbar zeigen. Als Illusionen!

Jetzt kreiert sich das Momentum, in welchem du dich zurücklehnen darfst. Mehr und mehr zum Beobachter deines Lebens werden darfst. Und doch gleichzeitig nicht nur still beobachtest und passiv bleibst. Sondern aktiv jedes Momentum deines Lebens als kostbar und rein erfährst. Es ist, wie als würdest du von „Wolke 7" herab kreieren. Ein Fülle-Bad an Möglichkeiten, erlaubt sich nun wieder in dir auszubreiten. Denn das erste Mal in dir kannst du dich frei und machtvoll, tief aus dir heraus, fühlen. Du lässt dich fallen und in diesem Fallen erkennst du gleichzeitig, wie alles miteinander verwoben ist. Und wirklich wie alles automatisch sowieso in dein Leben kommt.

Vielleicht hilft auch hier wieder eine sinnbildliche Vorstellung. Stelle dir vor, du hast in dir einen Herzensimpuls, einen Wunsch. Einen Wunsch von etwas, dass du dir für dein Leben als Erfahrung oder durch Manifestation in Materie wünschst! In diesem Moment des ersten Fühlens und dem ersten Gedanken ist es im Quantenfeld schon längst zu Materie geworden. Vielleicht hat es sogar schon längst für dich persönlich existiert. Und bis dato nur darauf gewartet, von dir als solches erkannt zu werden.

In genau diesem Momentum liegt schon die ganze Schöpferkraft deines Seins. Denn ab diesem Momentum der Existenz verbindet sich dein Wunsch schon energetisch mit dir. Wenn die Vorstellung hilft, so stellt euch vor, wie ein goldener Lichtstrahl oder eine Art goldenes Band zwischen dem Wunsch und euch als Person nun besteht.

In diesem Momentum könnt ihr euch vorstellen, wie sich euer Wunsch gewissermaßen aktiviert. Oder in anderen Worten, könnt ihr euch vorstellen, wie sich dieser Wunsch zu einem neuen Bewusstsein formt. Und jedes Bewusstsein, bedeutet Lebendigkeit. Bedeutet, wenn man so mag, dass es sich zu einer eigenen Persönlichkeit in Form einer Wesenheit verwandelt. Einer Wesenheit, die im Zusammenhang mit dir oder auch gerne weiteren Schöpfern in deinem Feld, nun eine ganz bestimmte Aufgabe übernehmen wird. Eine Aufgabe, zu der sie gewissermaßen berufen wurde. Und die sie von ganzem Herzen zum Wohle aller nun auch erfüllen möchte.

Vielleicht wundert ihr euch, wenn wir so detailliert über die Energie eures Wunsches sprechen. Selbst, wenn ihr einen materiellen Wunsch, wie zum Beispiel als triviales Beispiel der Wunsch einer neuen Waschmaschine, aktuell habt. Doch sogar eine Waschmaschine ist eine Wesenheit. Ist sie doch eine Ansammlung an Gottes-Energiefunken, geformt in diesem Falle zu einer Waschmaschine! Oder? Und alles, was göttliche Energie ist, ist wiederum Bewusstsein! Und wenn es Bewusstsein ist, ist es dann nicht auch möglich, dass es eine eigene Wesenheit wird? Wir denken, in diesem Punkt werdet ihr keine andere

Meinung haben, oder? Auch wenn natürlich diese Schlussfolgerung in euch sich bisher durchaus verrückt anfühlen kann. Doch genau diese Annahme bedeutet, dass wirklich ALLES um euch lebt! Und eben Bewusstsein ist! Genau darum ist es auch möglich, über telepathische Kommunikation, zum Beispiel mit einer Waschmaschine, zu sprechen und wahrhaftig Antworten zu erhalten. Klingt das in euren Ohren noch etwas zu verrückt? Denn ja, in dieser Annahme könnte sich plötzlich der gesamte Blick auf euer gesamtes Feld um euch deutlich verändern!

Wir möchten dies nun einfach einmal so im Raum stehen lassen und uns nun nochmals tiefer der Tatsache widmen, dass nun euer Wunsch sich als Bewusstsein zu einer Wesenheit formen konnte. Zum einen erkennt ihr darin klar eure wahre Schöpfergabe! Wie sie eben in jeglichem Bewusstsein existiert. Und zum anderen erkennt ihr auch, dass nun auch diese Wesenheit beginnt, im Grunde eine Art eigene Persönlichkeit zu entwickeln. Eine Persönlichkeit in einem bestimmten Frequenzbereich existierend. Und ihr wisst: sobald sich eure beider Frequenzbereiche überlappen, wird dein Wunsch in deine bzw. du in die Realität deines Wunsches kommen.

Doch was bedeutet es, dass die Wunsch-Waschmaschine nun eine eigene Wesenheit ist? Das bedeutet, dass auch sie beginnt, sich persönlich pur entfalten zu wollen. Diese Wesenheit hat den dringlichsten Wunsch, auf schnellstem Wege nun mit euch zusammen zu agieren. In diesem Falle für dich die Wäsche zu waschen. Und dir auf diese Art und Weise dienlich zu sein.

Dies wiederum bedeutet: Nicht nur du als Wunschbesteller hast starkes Interesse daran, dass dein Wunsch physische Realität wird. Sondern auch deine Wunsch-Wesenheit hat dringliches Interesse daran, endlich in die für dich wahrnehmbare Physis zu werden. Und somit zu dir zu kommen. Stelle dir hier gerne vor, wie das goldene Band, dass seit Kreation des Wunsches existiert, beginnt nun immer kürzer zu werden und der Abstand zwischen euch sich mehr und mehr nun verringert.

Im Grunde wäre eine Begegnung in der Physis somit zeit- und raumlos sehr schnell möglich. Die einzigen Hinderungsgründe sind dann meist allerdings wiederum deine eigenen Limitationen und inneren Blockaden, wie schon in den vorherigen Kapiteln besprochen. Stelle dir in diesem Bild kurz vor, was passiert, wenn du plötzlich die Energiefrequenz von „Ich habe gerade kein Geld für die Waschmaschine" hineingibst! Kannst du es sehen? Es ist, als würde sich auf eurem goldenen Band, dem goldenen Band zwischen euch und dem Wunsch, plötzlich eine Mauer aufrichten. Scheinbar unüberwindbar für den Wunsch! Würdet ihr sogar sagen, „Ich habe niemals Geld für eine neue Waschmaschine", kann sogar passieren, dass das goldene Band zwischen euch beiden wieder zerreißt. Und die Waschmaschine wieder ins Quantenfeld zurückgezogen wird. (Ist das nicht erschreckend, so ihr doch fortlaufend euch selbst erzählt, „kein Geld" zu haben?)

In den Worten: „Ich habe aktuell kein Geld, werde aber dafür sorgen, dass Geld in mein Leben kommen wird, um die Waschmaschine zu kaufen", wird euer goldenes Band bestehen bleiben. Jedoch ist es nun im ersten Schritt die Aufgabe, dieses „Hindernis: Geld zu beschaffen" nun erst einmal anzupacken. Die Wesenheit „Waschmaschine" wird geduldig warten, bis ihr das Geld irgendwie kreiert habt. Die Frage dahinter ist nur: „War es nötig, auf dieser klaren Wunschbestellung und eurem zarten goldenen Band überhaupt dieses „Hindernis Geld" zu manifestieren?"

Aus eurem Verstand heraus folgt ihr der Logik: „Wenn ich eine neue Waschmaschine haben möchte, dann benötige ich zuerst Geld für diese, um sie kaufen zu können." Damit kreiert sich die Blockade. Und gleichzeitig schließt es zillionen andere Wege aus, wie die Waschmaschine noch zu euch ins Leben gekommen wäre. Es hätte doch schließlich auch sein können, dass ihr eure Wunsch-Waschmaschine einfach plötzlich geschenkt bekommen könntet! Oder nicht?

Ist nicht vorher schon von ganz alleine der Abstand des goldenen Bandes zwischen dir und der Waschmaschine wie durch magische Weise von selbst immer kürzer geworden? Was wisst ihr schon, wie Dinge wahrhaftig zu euch kommen mögen?

Es ist so viel magischer, als ihr bisher annehmen könnt!

Wieviel weniger Zeit würde jedes Mal nur vergehen, wenn ihr euch einfach eures Wunsches freuen würdet und das „Wie" einfach uns überlassen würdet? Denn wie gesagt, nicht nur ihr habt es ziemlich eilig, dass der Wunsch zu euch kommen möchte. Sondern auch der Wunsch möchte so schnell wie nur möglich zu euch ins Feld kommen, um seiner wahren Bestimmung als solches folgen zu können!

Wir wissen, das Beispiel mit einer Waschmaschine scheint etwas lustig, fast schon trivial für euch. Doch es dient lediglich der Veranschaulichung, was wirklich im Hintergrund im Universum passiert. Und darf gerne auf alle möglichen Arten von Wünschen übertragen werden.

Alles ist wirklich tief miteinander energetisch durch „Licht-Bande" verbunden. Die Waschmaschine und du, das war nur eines der Bande! Und darüber hinaus gibt es noch unendlich viele weitere Bande mit anderen Bewusstseinsformen und Wesen. Und nicht nur zu ihnen, sondern solche Bande existieren auch für euch zum Beispiel zu euren Gedanken, euren Emotionen und selbst bis hin zu euren feinstofflichsten Ebenen. Alles ist mit Licht wie ein großes Gewebe verbunden. Und interagiert gemeinsam.

Stets immer im Sinne, seine höchste Aufgabe jeweils erfüllen zu wollen.

Spürt ihr, wie ihr euch nun tiefer denn je wirklich beginnen könnt, endlich zurück zu lehnen. Wir wiederholen gerne nochmals in Kürze: Im ersten Momentum der Idee, des Impulses in euch, ist es schon im Quantenfeld kreiert. Was immer das „es" für euch in diesem Moment sein möchte. Und ab diesem Moment ist es die Aufgabe dieser neuen „Wesenheit" zu euch zu kommen. Und diese Wesenheit wird alles dafür tun, zu euch zu kommen! Denn sie möchte tief dem großen Ganzen nun „dienen"! Und ihre Aufgabe erfüllen.

Das bedeutet: Was immer für euch ist, wird definitiv zu euch kommen!

Spürt ihr tiefer denn je, wie ihr euch nun wahrhaftig in das Universum fallen lassen dürft?

Wie das Leben beginnt plötzlich sehr leicht zu werden?

Wie Zweifel und Sorgen absolut überflüssig werden?

Und nicht nur Zweifel und Sorgen werden absolut unnötig. Sondern all´ deine ausgedachten Strategien, die vielen schlaflosen Nächte des Grübelns und Hinterfragens, die unendlichen viele Zeiten des Pläne Erstellens und Mindmaps Kreierens oder sogar unendliche Füllen an Journalbüchern: Spürst du, wie du das alles loslassen kannst! Eben, gerade weil du all´ diese Mechanismen loslässt, werden sich schneller denn je deine Träume erfüllen.

Das ist verrückt! Das einzige, was es nun nur noch braucht deinerseits ist, dass du dir vollkommen klar über deinen Wunsch bist. Und diesen einfach ins Quantenfeld gibst. Euer goldenes Band wird euch definitiv zusammenbringen.

Wir wissen, diese etwas andere Art der Manifestation wird sich für euch wie ein gut gemeinter Witz anfühlen. Seid ihr es doch gewöhnt, alle Manifestationen bisher mit viel Kraftanstrengung und meist sogar Schmerz oder Verzicht in euer Leben zu „ziehen"! Diese Art der Manifestation erklingt fast schon zu leicht! Fast schon zu wenig nach Tun! Und in euch flammt wahrscheinlich sofort die Frage auf, ob ihr denn so ein leichtes Leben überhaupt führen dürft? Gerade auch, wenn das Außen euch das vollkommene Gegenteil täglich vorlebt? Und ihr fragt euch weiter, ob ihr dieser Leichtigkeit überhaupt würdig seid?

Wir dürfen hier mit einem klaren JA antworten. Denn ein Wunschleben zu führen ist das eigentliche Normal im Universum. Ein Leben frei von Schmerz, Kummer, Angst und Leiden! DAS IST DAS NORMAL!

Wie schon so oft nun erwähnt: Alles andere ist nur das „Feld der Trennung" woraus es entspringt! Aber genau aus diesem entwachst ihr ja augenblicklich! Oder nicht?

Und genau darum ist es sogar wichtiger denn je, nun neue Formen der Manifestationen auszuprobieren. Warum sollte es dann nicht leicht gehen dürfen?

Vielleicht noch als zusätzliche Erklärung: Die „Felder der Trennung" werden nun zunehmend „kollabieren"! Im „Feld der Trennung" ist die „anstrengende Form" der Manifestation üblich gewesen. Nach dem Motto: „Ohne Fleiß´ kein Preis!" So sagt ihr doch immer! Und je fleißiger und aufopfernder ihr ward, desto größer war oft in der Vergangenheit das Resultat. Doch wie oft habt ihr Schmerzen dafür aushalten müssen. Oder sogar eure Freiheit, eine Form des Geburtsrechts, aufgegeben?

In den neuen Realitätsfelder, in die ihr nun in naher Zukunft switchen werdet, werden diese „Opfer-

Mechanismen" nicht mehr funktionieren. Denn all´ diese entstammen dem Mangel. Die neuen Realitätsfelder kreieren sich allerdings nur noch ausschließlich aus der Fülle! Und schon allein darin liegt kein weiterer Match in den Frequenzen des Mangels!

Das bedeutet für euch: In der Fülle-Realität ist es normal, dass alle Gedanken, Emotionen und Wünsche Materie werden, und in Leichtigkeit zu euch kommen. In dieser neuen Realität ist es somit das Normal, dass alles, was für euch ist, automatisch auch zu euch kommt!

Wieviel leichter wird es sein, wenn ihr schon jetzt durch die veränderte Form des Manifestierens euch in die neuen Realitätsfelder einschwingt? Und anstatt weiter auf andere zu schauen, die bisher noch aus dem Bewusstsein des Mangels agieren, diesen lieber vorlebt, wie einfach das Leben wahrhaftig sein darf!

Ihr müsst euch das Glück, den Wohlstand, Freiheit oder tiefen Frieden nicht erst „verdienen"! Sondern das ist euer Geburtsrecht! Es wird Zeit, dass ihr in genau dieses nun vollkommen wieder eintaucht! Und aus der Fülle nun gemeinsam die wundervollsten Manifestationen und Wunder kreiert. Wir laden euch von tiefstem Herzen dazu nun ein.

Folgend gerne abschließend noch einige Fragen an euch, um schneller und leichter in diese neuen Formen des Manifestierens und Fließens im Rhythmus des Universums nun einzutauchen:

„Erlaubst du dir, dass dein Leben ab heute leicht sein darf?"

„Bist du schon jetzt bereit, aus dem „Feld der Trennung" zu gehen, um als PionierIn dieser Zeit, anderen „vorzuleben", wie das Leben auch leicht sein darf?"

„Folgst du schon deinen intuitiven Freuden-Impulsen?"

„Lebst du schon pur aus deiner Herzmagie heraus?" Wenn noch nicht in jedem Aspekt: Wo möchtest du deine nächsten Veränderungen erleben?"

„Wenn alles für dich ist im Leben, welche wundervollen Erfahrungen möchtest du für dich aus purer Selbstliebe zu dir auf jeden Fall in diesem Leben erfahren?"

„Spürst du die tiefe Verbindung zu deinen Wünschen? Kannst du das „goldene Band" wahrnehmen?"

„Kannst du eventuell auch zwischen dir und deinem Wunsch mögliche „Blockaden, „Limitierungen" oder „Hindernisse" wahrnehmen?"

„Woher kommen diese Hindernisse, die zwischen deinem Wunsch und dir stehen? (Welcher Irrglaube steckt dahinter!) Und was braucht es, dass du diese Hindernisse wieder loslassen kannst?"

„Welche „Märchen/Geschichten" erzählst du dir bis heute, die nicht der Wahrheit des Universums entsprechen, aber dir genau die aktuellen Hindernisse zwischen dir und der Wunscherfüllung kreieren?"

„Was braucht es tief in dir, dass du ab heute, hier und jetzt nur noch aus der Wahrheit des Universums lebst? Oder umgekehrt gefragt: Was in dir darf switchen, dass du dem Außen keine weiteren „Mangel-Geschichten" mehr abkaufst, und wieder zu deiner Geschichte machst?"

Diese Fragen haben es in sich, oder? Denn ja, sie gehen an die Substanz deiner Programmierungen und Wertevorstellungen. Alles Energien, die du über viele Jahrzehnte durch das Kollektiv abgeschaut und gelernt hast. Ob sie zu dir passten oder nicht! Doch da viele oft ähnlich handeln, denkt ihr, das ist die Wahrheit. Und nun gerade erkennst du, dass die Wahrheit des Universums oft eine ganz andere ist, als dass, was du über viele Jahre erlernt hast? Das kann etwas verwirrend sein! Und durchaus auch herausfordernd. Denn ja: es bedeutet: Du darfst dich gerne vollkommen neu definieren. Du, dich selbst UND dein Leben!

So lasst uns abschließend eine wundervolle Meditation nun gemeinsam durchleben. Eine Meditation, die dich direkt in die Energien des unendlichen Quantenfelds katapultieren wird. Genau jenem Feld, aus dem sich einfach jegliche Materie manifestiert: Wie wäre es, wenn du dir heute in diesem Feld dein wahres Traumleben zusammenkreierst? Und das zarte goldene Band zwischen dir und deinem Traumleben euch schon in naher Zukunft bald vereinen wird.

Die Meditation „Quantenfeld" findest du unter folgendem Link als Download:

****

Meditation „Quantenfeld"

Download:
https://ruthverenaweber.tentary.com/p/KcLf2e

Code: Starbeing

****

An dieser Stelle möchten wir dir abschließend noch einen kleinen Trick verraten, der dich „sehen" lässt, wann dir wieder eine „Mangel-Geschichte" erzählt wird, und wann es die Wahrheit des Universums ist: Beginne, mehr und mehr dein Herzen zu spüren. In deinem Herzen liegt die Wahrheit des Universums. Wie fühlt sich die nächste Geschichte an, die dir erzählt wurde? Oder die du dir selbst erzählst, um nicht in Leichtigkeit deine Wünsche zu bekommen? Fühlt sich dein Herz leicht und frei an? Oder schwer und verwirrt?

Einen anderen Impuls, den wir auch gerne weitergeben möchten ist: Schau im Außen, wo du mindestens eine Person entdeckst, die das erreicht hat, dass du dir aktuell noch wünschst! In der Tatsache, dass alles Bewusstsein denselben Spielregeln unterlegen ist, bedeutet dies im Umkehrschluss: Wenn eine andere Person diesen Wunsch erfüllt bekommen hat, ist es auch für dich möglich! Denn schließlich sind die Gesetzmäßigkeiten des Universums für euch beide genau gleich! Und wenn jemand anderes schon das lebt, was du auch leben möchtest, bedeutet dies: Es ist auch für dich in diesem Feld wahrhaftig möglich!

Vielleicht hilft dir dieser kleine Impuls, um dir wieder tiefer denn je selbst zu vertrauen. Denn wenn du ganz tief in dich schaust: Du weißt: Alles, was sich dir offenbart, und selbst, wenn es ein weitentfernter Traum ist: Es ist ab diesem Moment schon längst für dich. Und das zarte goldene Band zwischen euch ist schon längst geknüpft!

Tag 9 Folge nur noch deiner Intuition

Einst hattet ihr die Einsicht über die Zusammenhänge, wie Ereignisse passieren. Das war in und vor den Zeiten von Atlantis. Ihr konntet als Menschheit die energetischen Strukturen wahrnehmen und erkennen, wie alles miteinander verbunden war. Und somit wahrnehmen, wie alles miteinander agierte und welche Ereignisse somit auch als Kommende für euch möglich sein würden. Durch die Kreation des „Feldes der Trennung" verschwand allerdings diese Fähigkeit. Doch das viel größere Problem hinter dem nicht mehr wahrnehmen war, dass ihr nicht mehr spüren konntet, wann Lebens-Shifts für eure Leben passieren würden. Doch was ist ein Shift?

Ein Shift ist ein Momentum, in dem sich sogar schlagartig das gesamte Leben verändern kann. Meist werden sie in den aktuellen Zeiten als sehr herausfordernd und schmerzvoll empfunden. Doch warum diese Shifts?

Diese Shifts dienen dazu, in einzelne Leben eine komplette Kehrtwendung zu kreieren. Allerdings beobachten wir bis heute, dass die meisten Menschen diese nicht erkennen und wieder in ihr altes Feld zurückfallen. Meist verbunden mit tiefem Leid.

Der Ursprung der Shifts bestand darin, durch aktives Erkennen der Energiezusammenhänge bewusst in eine neue Phase des eigenen Lebens einzutauchen. Tatsächlich waren diese Ereignisse zu damaligen Zeiten vor Atlantis nicht sehr schwierig, da jedes Wesen persönlich Energien lesen konnte und somit aktiv die Entscheidungen traf, für die nächsten Ereignisse, die es erfahren wollte. Wachstum war und ist seit jeher die treibende Kraft dahinter.

Das bedeutet, der Übergang zwischen zwei Phasen des Seins mit unterschiedlichen Erfahrungen muss absolut nicht schmerzvoll sein. Sondern werdet ihr sogar zunehmend wieder nun wahrnehmen. Das aktive Wahrnehmen könnte euch helfen, euch auf allen Ebenen tiefer auf die Shifts einzulassen, und somit leichter in die Übergangsphasen zu kommen. Und anstatt weiterhin dauernd wieder und wieder in eine Art „Komfortzone" zurück zu fallen, aka Stagnation erleben, würdet ihr smart dem tiefen Wunsch nach Wachstum auf Seelenebene in wundervollem Maße wieder nachkommen können.

Denn ein Shift an sich ist einfach nur ein Übergang von einer Lebensphase zu einer kommenden Lebensphase, stets im Ausblick, dass das Kommende die nächste /eine weitere Stufe des inneren Wachstums mitkreiert.

Man könnte es sich im Vergleich von damals zu heute so vorstellen: Hat ein Bewusstsein in den alten Zeiten entschieden, dass es nun alles erlebt hat, was es in dieser auserwählten Phase zu erleben gab, so hat es bewusst entschieden, was es als Nächstes erfahren möchte. Dieses Phänomen existiert auch bei euch im „Feld der Trennung". Durch Eintritt in eine Inkarnation entscheidet ihr selbst, welche Lernfelder ihr in diesem Leben ausprobieren möchtet. Der Tod, als physischer Tod, beendet dieses Lernfeld. Und ihr entscheidet nach eurem Tod wieder auf ein Neues, wohin die nächste Reise hingehen möchte. Um die ganze Sache in Kürze sehr vereinfacht auszudrücken.

Während des Lebens jedoch gibt es bestimmte Erlebnisse, die schon vor eurem Leben „abgesprochen" waren. Diese finden auf jeden Fall statt. Alles andere ist in deiner freien Entscheidung. Wenngleich die bestimmten Erlebnisse auch vorab stets in Absprache aller Beteiligten stattgefunden hatte.

Diese vorherbestimmten Lernfelder sind aber keineswegs nur schmerzhafte Begegnungen. Es sind vor allem Begegnungen der Liebe. Wie z.B. eure Partnerschaften oder die Geburt eurer Kinder, wie wir schon erwähnt hatten.

Doch es gibt auch die Erfahrungen, tiefer Erlebnisse, die meist mit starkem Schmerz einhergehen. Z.B. der Verlust eines geliebten Menschen oder schmerzhafte Traumata jeglicher Art. Oder auch Krankheit. Sind sie wirklich nötig?

Würdet ihr wieder im Feld eure Energien lesen können, würdet ihr erkennen, dass sie nicht nötig sind.

Schmerz und Krankheit sind oft ein Phänomen, das eintritt, wenn ihr selbst nicht den von euch selbst gewählten wohlbemerkt sehr freien „Seelenweg" (vor der Geburt entschieden) annehmt. Oder anders ausgesprochen: Wenn ihr beginnt, euch verbiegen zu müssen. Und nicht pur ihr selbst als Individuum euch auslebt. Wenn ihr beginnt, meist von Kindheitstagen an, euch an das Umfeld anzupassen. Und Programmierungen in euch aufnehmt, die meistens sogar niemandem dienlich sind. Aber auch meistens durch eure Zeitrechnung der letzten Tausenden von Jahren als „Normal" definiert wurden.

Wenn die Abweichung vom Kurs zu extrem wird, dann passieren die heftigen plötzlichen Shifts. Shifts, die auf Seelenebene, auf Energieebene deines Höchsten Seins, als Weckruf zu euch ins Leben kommen. Wie gesagt, keineswegs, um Leid zu verursachen. Sondern um euch aufzuzeigen, dass ihr in jedem Moment eine neue Wahl treffen könnt. Denn es sind oft solch´ heftige Momente, die eure Leben stets vollkommen auf den Kopf stellen. Und durch dieses verursachte Chaos erst wieder neue Möglichkeiten sichtbar hereinlassen.

Was meinen wir mit „selbst kreiert"? Dahinter steht in keinster Weise die Energie von der Illusion „Schuld" oder „Opfertum" oder ähnliche Energien.

Wie schon erwähnt, würdet ihr eure Energien wieder lesen können, würdet ihr eure Leben, diese einmalige Inkarnation, anderes behandeln. Wir stellen euch zum besseren Erkennen daher eine Frage: „Wie oft spürt ihr in euch dieses bestimmte „Bauchgefühl" oder eure „Intuition", aber agiert vollkommen konträr zu dieser energetischen Information. Denn das ist es. Die Intuition, oder von den meisten aktuell noch erst als „Bauchgefühl" wahrnehmbar, ist genau diese energetische Information. Ihr seht, auch wenn die „Schleier des Vergessens" euch scheinbar das „Erkennen und sehen von Energien" verdeckt haben, so ist dennoch immer in annehmbaren

Formen die Information über eure nächsten Schritte schon da! Auch wenn ihr bis heute das „Bauchgefühl" noch nicht wirklich ernst nehmt! So ist genau dieses eines der entscheidendsten Wegweiser, hin zu einem wundervollen leicht-fließenden Leben. Doch stattdessen vertraut ihr meist mehr eurem Verstand, eurer Logik oder den „Empfehlungen" des Außens. Meistens so lange, bis, um eure Worte zu verwenden: „Der Karren im Dreck liegt"!

Und das sind dann die Momente, die meist sehr heftige plötzliche Erfahrungen in euren Leben entstehen lassen. Verstehst du, wie wir das meinen? Kannst du vielleicht auch in deinem Leben klar erkennen, dass du eigentlich schon lange weißt, was du tief in dir so klar spürst? Und kannst du dich auch fragen, inwiefern du hier schon klare Veränderungen eingebracht hast? Oder klammerst du dich immer noch an die „alten Energien" der Verstandesentscheidungen fest? Oder wie ihr es so schön nennt: „Die Energien der Komfortzone"?

Die Ironie in diesem „Spiel der Stagnation" ist, dass Stillstand der Tod ist. Das Festklammern an eurer „Komfortzone" bedeutet, jeden Tag, sogar Moment für Moment in Dauerschleife die „Dramen der Vergangenheit" festzuhalten und wieder und wieder zu wiederholen. Täglich im Grunde zu sterben! Warum passiert dies? Die Antwort ist auch hier einfach: Weil ihr Angst habt, dem Unbekannten, nicht Sichtbaren zu vertrauen. Das ist der Unterschied zu „Energie sehen" und „Energie nicht wahrnehmen"! Würdet ihr wieder die Energien und Zusammenhänge tief energetisch wahrnehmen können, würdet ihr sehr wahrscheinlich eure

132

Komfortzone jedes Mal in kürzester Zeit verlassen und Neues ausprobieren. Euch tiefem inneren Wachstum hingeben. Das wäre etwas einfacher. Tatsächlich habt ihr im „Feld der Trennung" auch Tools, um wahrzunehmen, was gut wäre.

Eine Wahrnehmung, eine sehr große, ist eure Emotion. Wann fühlt ihr euch gut? Wann könnt ihr „echt" sein, oder anders: Wann kannst du pur du sein? Und wann zwängt ihr euch in Bahnen und Vorstellungen, die euch verbiegen?

Wenn ein intuitiver Impuls in dir hochkommt: Folgst du diesem oder tust in ab und folgst weiter deiner Logik?

Wir laden euch daher zu einem, wie wir finden, sehr lustigen Spiel ein. Im Grunde ist es kein Spiel, sondern es ist unsere Wahrheit im Universum. Aber es ist trotz allem sehr lustig. Denn wenn du Lust hast, es mitzuspielen könntest du eine Menge Spaß dabei erfahren. Und sehr wahrscheinlich weitere „heftige Shifts" absolut vermeiden. (Mit der Bemerkung: Was immer deine Seele natürlich vor dieser Inkarnation auch ausgemacht hat, können wir im Detail natürlich nicht wissen).

Der Impuls ist folgender: Trainiere wieder deine Intuition! Und folge nur noch ausschließlich diesen intuitiven Herzenseingebungen!

Klingt ziemlich einfach, oder? Ist es im Grunde auch!

Doch wie einfach ist es für dich? Die erste Herausforderung ist oft, dass ihr euch selbst nicht mehr in eurer Freude spürt. Freude ist DER Wegweiser in dein großartiges Leben. Doch durch viele traumatischen Erfahrungen, selbst alleine aus diesem einen Leben, und vielen Programmierungen durch dein Außen, hast du verlernt, dich zu spüren. Um ehrlich zu sein, das ist die Absicht vieler aktuell noch bestehenden Machtsystemen. Denn wer fühlt und seinem Herzen folgt, ist unberechenbar. Doch die unter euch, die einfach funktionieren, und stillschweigend tun, was im Außen scheinbar „Normal" ist, kann man beherrschen. Was macht diese Annahme mit euch?

Gehen wir nun zum Thema Freude zurück: Was macht dir Freude? Was magst du? Was magst du nicht?

Kannst du diese einfachen Fragen schon beantworten? Bezogen auf die scheinbar „kleinen Dinge" im Leben, wie z.B. die Wahl: Magst du lieber Tee oder Kaffee? Schokoladeneis oder Vanilleeis?

Bis hin zu den „großen Themen", wie zum Beispiel: „Lebst du deine tiefe Berufung?" „Welche Menschen magst du am liebsten um dich?" „Wo bist du am liebsten?" „Wie willst du wahrhaftig leben?"

Eine tiefe Frage, die dabei sehr hilfreich sein kann ist: *„Was möchtest du im Jetzt tun, um auch im Morgen voller Freude – dich auf den Tag freuend-aufzustehen?"*

Vorsicht: Diese Frage hat es echt in sich! Denn sie scheint sehr unscheinbar. Aber je nachdem ist in nur dieser einen

Frage die Veränderung deines gesamten bisher bekannten Lebens!

Die Wahl liegt immer bei dir!

Der zweite Punkt ist: „Folgst du dieser Freude?" Oder wenn du schon etwas feinspüriger bist: „Folgst du deinen intuitiven Impulsen?" Es ist wunderbar, wenn du deine Intuition schon spürst. Oder über zum Beispiel Momente der Stille, wie Meditation, von deinem höchsten Sein, die Impulse empfängst. Doch wie oft, so ganz ehrlich zu dir, folgst du diesen auch wirklich?

Die Herausforderung in diesen intuitiven Impulsen liegt sehr oft darin, dass sie absolut kontrovers zu dem Wissen und der Grundlage deines Verstandes sind. Und meistens auch zu der gesellschaftlichen Norm, in der du aktuell lebst! Kurz: Du wirst dich sehr wahrscheinlich mit deinem „anders sein" outen dürfen, um wirklich tief deiner Intuition zu folgen! Oder wann bist du das letzte Mal barfuß auf der Straße durch den Regen getanzt?

Gehst du dafür? Bist du bereit, dein „anders sein" zu zeigen? Oder unterdrückst du dein wahres „pur du sein" weiterhin?

Und genau darin liegt das Momentum, in dem Krankheit und Schmerz entsteht! Verstehst du diesen Aspekt in der Tiefe?

Krankheit, Schmerz, heftige Erfahrungen, …, all das wäre nicht nötig!

Sie sind nur eine „logische energetische Schlussfolgerung" durch Aneinanderreihungen von Energien, die, je länger man diese Energien ignoriert, irgendwann als eine „heftige Erfahrung" scheinbar ins Leben „platzen"!

Aber wenn ihr genau hinschaut, beginnen diese „Energieverkettung" immer schon viel früher. Meist durch das erste Zeichen, wie dein „Bauchgefühl"! Und schon wieder habt ihr es ignoriert. Einmal, ..., viele Male, ..., bis eben eine scheinbar „plötzliche heftige Erfahrung" im Leben auftaucht!

Genau darum wird es in eurer nahen Zukunft nicht mehr nötig sein, dass Krankheit und Schmerz existiert. Denn eure Zukunft bedeutet, dass jeder von euch nun seinen wahren Herzensweg geht. Und dieser ist einfach der Weg, der sich leicht und fluffig anfühlt. Genau jener Weg, der einfach nur Freude kreiert! Und euch in eure vollkommenste Ekstase führt! Und tief geführt durch deine Intuition erfolgt.

Ja, das ist im Grunde auch eine „Aneinanderreihung an Energien". Denn gleich, was wir tun, so ist es immer eine „Verschiebung/ Formung" an Energien. Denn alles ist Energie! Doch in diesem Falle führt die intuitive Führung in eine Aneinanderreihung an Energiefelder puren Wachstums und Ausleben deiner wahren Größe. Im Gegenteil zu deiner „gegen dich selbst kämpfende Strategien der Vergangenheit"! Diese führt wie schon erwähnt auch zu einer Aneinanderreihung an Energien und daraus resultierenden Ereignissen. Aber Ereignisse, die dir mit jedem Moment eigentlich ein klares „Stopp" aufzeigen! Tief in euch spürt ihr immer das „Stopp"! Doch anstatt dem „Stopp" Raum zu geben, geht ihr immer weiter und weiter im Erdulden oft höchster Schmerzen und Krankheit. Weil ihr glaubt, dass ist das normal! Weil ihr über Jahrtausende gelernt habt, wer zu einer Gesellschaft gehören möchte, muss leiden. Muss sich unterordnen. Muss im Grunde ein Teil seines Seins entmachten, um dazugehören zu dürfen.

Denn alles andere wäre die klare Ansage purer Macht und Größe gewesen. Wurde das in eurer Geschichte bisher jemals geduldet? Nein!

Doch das ist nicht die Wahrheit eures Gott-Gewahrseins! Schmerz, Krankheit, Leid sind Stopp-Signale deiner höchsten Seele! Und sie möchten dir in diesen Momenten lediglich dazu dienen, tief in dich zu spüren! Um wieder den Weg deines höchsten Gewahrseins aufzunehmen.

Krankheit, Schmerz, Leid, sind also daher nur „Symptome" des „falschen Weges". Auch wenn es in diesem Sinne keinen „falschen Weg" gibt. Sondern alle Wege eine tief menschliche Erfahrung mit immer sehr vielen Perlen für euer inneres Wachstum darstellen.

Nur, was würde sich für euch als Kollektiv verändern, wenn Krankheit und Schmerz nicht mehr existieren würden? Ihr tragt alle Schlüssel für diese Veränderung in euch.

Bist du bereit, ab heute ausschließlich deiner Intuition zu folgen? Sogar auch dann, wenn du spürst, es fühlt sich absolut gut an, und gleichzeitig absolut verrückt und fern von jeglichen gesellschaftlichen Normen?

Diesen Schritt zu wagen ist die vollkommene Befreiung des sogenannten „Opfer-Seins". Also der Energie von „es geschieht (mir)" und dem Gefühl von „Machtlosigkeit". Denn dieser verrückten Intuitionsenergie zu folgen, würde einen vollkommenen Switch in ein bewusstes aktives „Schöpfertum" bewirken. Und je tiefer ihr euch darauf einlasst, desto weitere lustige magische verrückten Ereignisse würden sich in eurem Leben ereignen. Bis hin zu einem Leben in purer Freude und Wohlstand.

Es ist eben nicht mehr der „harte" Weg. Oder die Energie „des sich Durchbeißens", um eure höchste Urkraft pur auszuleben! Sondern der Weg durch das Nadelöhr ist, dieser zarten leisen Stimme in euch tiefer den je zu vertrauen. Und einfach danach durch folgende Herzensaktionen durch euch selbst in die Physis zu gebären!

Der harte Weg, war der Weg, der in dem „Feld der Trennung", meist auch hier mit viel Schmerz und Leid verbunden, funktioniert hat. Doch dieser ist nicht die Wahrheit des „Feldes der Oneness". Je tiefer ihr eurer Intuition wieder vertraut, werdet ihr wieder „das energetische Feld lesen können"! So wie einst in den Zeiten vor Atlantis! Und ihr werdet erkennen, wie alle Energien miteinander agieren. UND vor allem wird jeder Einzelne tiefer denn je erkennen, wo in diesem großen Gefüge der eigene Platz im höchsten Wirken aller sein wird. In vollkommenem Einklang mit „ALLEM SEIN"!

Bist du bereit für diesen Schritt? Dich vollkommen „fallen zu lassen" in das Unbekannte! Und dir wieder vollkommen selbst zu vertrauen?

So möchten wir dir nun, wie schon in den vergangenen Kapiteln, auch heute einige Fragen für deine tiefe Seelenreise hier aufschreiben. Was, wenn sie der Schlüssel für deinen mutigen Weg sind, ab heute nur noch deiner Intuition zu folgen?

„Kennst du dein Bauchgefühl?"

„Kennst du schon deine Intuition?"

„Kannst du die zarte Stimme deiner Seele /deines Herzens wahrnehmen?"

„Was flüsterst dir deine höchste Seelenstimme schon sehr lange zu?" Kannst du die Energien/ Worte/ Bilder wahrnehmen?"

„Folgst du deiner Intuition? Oder vertraust du bisher noch immer tiefer der Stimme der Vernunft und Sicherheit?"

„Was braucht es für dich, dass du dich sicher fühlen kannst, deiner Seelenstimme zu vertrauen und sogar ihre Impulse umzusetzen?"

„Was war bisher das Verrückteste, was du in deinem Leben erlebt hast? Wie hast du dich dabei gefühlt?"

„Was möchte noch alles auf deiner ‚Baket-Liste' stehen, dass du unbedingt noch in diesem Leben erfahren möchtest?"

„Welche Dinge/ Menschen/ Erfahrungen lassen dein Herz tief erstrahlen?"

„Wann fühlst du dich „echt"? Wann fühlst du dich „pur"?"

„Was braucht es, dass du dich sicher fühlst, bzw. pur/echt sein kannst?"

„Sind die Ängste, die hinter dem „dich-verstecken" stehen, wirklich so mächtig, dass du dir bis heute nicht erlaubst, deine tiefste Herzenswahrheit erfüllt zu leben?"

„Erlaube dir das Spiel, einmal deine größten Ängste wirklich bis zum Ende als „worst case-Szenario" zu durchdenken: Hast du für alles eine Lösung gehabt? Spürst du, wie dadurch deine Ängste entmachtet werden? Was, wenn du jetzt den Mut hast, deinen Herzensweg endlich pur zu leben?"

„Wie würdest du in Wahrheit wirklich gerne leben? Und das auch dann, wenn du kein Geld dafür bekommen würdest? Einfach, weil es ein Teil von dir ist, und sich definitiv durch dich in die Welt gebären möchte?"

„Schaue nicht nach rechts und links: Höre auf, dich mit anderen zu vergleichen und beantworte dir tiefst diese eine Frage: Was macht dir am meisten Freude und bereitet dir das größte Glück auf Erden?"

Lass´ uns nun gemeinsam in der folgenden Meditation deine Intuition wiedererwecken. Denn deine Herzensverbindung zu deinem Höchsten Sein ist der wahre Schlüssel für die Erfüllung deines Lebens auf ganz irdisch praktische Weise. Ebenso im Spüren deines wahren Seins wirst du wieder einen Schritt mehr erkennen können, dass du wahrhaftig niemals alleine warst. Und wirklich alles in einem großen Gefüge miteinander agiert. Und du? Du bist Teil dieses wundervollen Gefüges! Teil dessen, der am großartigsten mit all´ den anderen Teilen funkelt, je mehr du beginnst, dich pur zu leben. Denn das ist, was ein Leben in der Führung deiner Intuition wahrhaftig kreiert. Einfach du zu sein! Und durch dein „Pur Sein" wahrhaftig deine wahre Größe zu leben! Ohne Anstrengung und Wettlauf gegen die Zeit. Sondern einfach, weil du bist, wie du bist!

Wie fühlt sich das für dich an?

Lass´ uns daher heute all´ deine Ketten der Vergangenheit nun endgültig lösen. Und tiefer denn je in diesem Erlösen, deine Intuition wieder zu dir einladen. Frei in der Frage: „Wer bist du, wenn du einfach du bist?"

Die Meditation „Erlöse deine Ketten und sei pur du" findest du unter folgendem Link als Download:

****

Meditation „Erlöse deine Ketten und sei pur du"

Download:
https://ruthverenaweber.tentary.com/p/KcLf2e

Code: Starbeing

****

Spürst du, wie jeder Tag ein wahres Fest für dich nun werden möchte? Wie jeder Moment deines Lebens nicht weiter dahin plätschern möchte. Sondern jeder Moment in sich ein wahres Momentum für dich kreieren möchte? Das ist, warum du wahrhaftig inkarniert bist. Erinnere dich wieder! Für nichts Geringeres!

Was immer dir das Außen nun weiterhin erzählen möchte: Vertraue dir! Spüre dich! Und erlaube dir tiefer denn je deiner Herzenswahrheit Raum zu geben.

Tag 10 Heile deinen Körper

Heute möchten wir mit euch über eure Körper sprechen. Eure Körper sind wahre Wunderwerke. Denn sie sind selbst wie eine eigene Wesenheit zu betrachten, die sich bereit erklärt hat, mit euch in diesem irdischen Leben zu reisen. Und gleichzeitig doch von euch selbst vor eurer Inkarnation kreiert wurde. Bisher seid ihr in der Annahme, dass eure Körper Nährstoffe über Nahrung jeglicher Art benötigen. Sagen wir so: Im aktuellen Bewusstseinszustand eures Seins ist das für die Mehrheit auch tatsächlich noch der Fall. Und umso wichtiger ist es, euren Körpern nur gute Nahrung zu geben, die vollkommen in Energie getränkt ist. Und genau darüber möchten wir in diesem Kapitel mit euch tiefer sprechen.

Doch bevor wir starten, lasst uns als kurze Nebenbemerkung für eure Zukunft sagen, dass eure wahre Nahrung die unendliche göttliche Energie ist, die in zillionenfacher Weise im gesamten Universum existiert. Diese Energie, aus der alle Materie geformt ist. Aus der eure Körper, wie auch ihr selbst geformt seid. Wenngleich eure physischen Körper eine sehr dichte Packung dieser Energieansammlung sind, um so in einer so polaren Welt wie Planet Erde zu existieren. Der Trick des Wandels besteht darin, tiefer und tiefer die Essenz eurer Seele in eure Körper einzulassen. Je mehr euch dies gelingt, desto mehr „leuchtet" ihr. Und desto leichter wird es, mehr und mehr von dieser „Gottesenergie" wieder als Nahrung aufzunehmen und davon zu leben. Vielleicht als Impuls für die Zukunft. Denn wie gesagt, bisher sind die

143

wenigsten Menschen von euch in der Lage, ausschließlich nur von Energie zu leben. Und so lange ist es eure höchste Aufgabe, gut auf eure Körper, als Tempel eurer Seele, aufzupassen und sie nur mit bester physischer Nahrung zu versorgen.

Tatsache aktuell ist: Die meisten Körper sind stark vergiftet. Ja, du liest richtig. Selbst wenn du dich gewissermaßen wohl fühlst, begibst du dich täglich in eine Menge toxischer Felder. Zum einen ist die meiste Nahrung von euch hypervergiftet. Mit Giften, die ihr während dem Anbau eurer Nahrung auf die Felder oder auch eure Tiere stopft. Ja, wir verwenden hier nun einen sehr deftigen Ausdruck, um euch tiefer im Bewusstsein damit zu erreichen. Doch wie würdet ihr es nennen, wenn man eine Gemüsekultur z.B. über die Zeit ihres Wachstums mindestens 12 Mal mit sogenannten Pflanzenschutzmitteln behandeln muss, und nur eine Woche nach der letzten toxischen Behandlung landet sie schon auf eurem Teller? Was glaubst ihr, wie viele dieser Toxine in diesem Moment noch auf eurem Teller nun in euren Körper wandern werden?

Auch eure Erde ist davon hypervergiftet. Über die letzten Jahrzehnte habt ihr es tatsächlich geschafft, die fruchtbarsten Erden in eine absolut chaotische Dysbalance aller dort sich befindenden Bewusstseinsformen zu bringen. Seither sind die meisten Felder, die ihr für eure Nahrung verwendet, nur noch damit beschäftigt, sich wieder und wieder in Balance zu bringen. Was allerdings niemals gelingen kann, solange ihr wieder und wieder neue Gifte und chemische Düngerverfahren, die eben nicht aus der Materie der Natur, sondern aus euren Giftkammern entstammen, auf die Felder schüttet.

Versteht uns nicht falsch. Das sind nicht einzelne, und diese sind die „Bösen". Sondern diese Systeme unterstützt jeder Einzelne von euch, durch eure Art des Handelns, bis hin, dass durch euer eigenes Handeln wiederum Einzelne auf diese Aktionen reagieren müssen. Und dementsprechend so zum Beispiel die Felder wieder und wieder mit toxischen Substanzen behandelt werden müssen. Die Frage beginnt schon in der Art und Weise, was ihr für euch selbst als Nahrungsmittel einkauft? Soll sie makellos schön sein? Und auch noch nach 2 Wochen wie frisch im Obstkorb liegen? Oder darf es auch einmal das nicht genormte Obst oder Gemüse sein, das frisch vom Baum oder dem Garten geerntet werden kann?

Oft ist es euer Unwissen über das Thema Nahrung. Unbewusst nicht zu wissen, wie sich eure tägliche Nahrung wirklich in jedem Schritt auf euren Teller zaubert. Und welche Mechanismen und Behandlungen wahrhaftig dahinterstehen. Daher ist es umso wichtiger, dass sich jeder einzelne mehr und mehr nun damit beschäftigen sollte, die Systeme eurer Nahrungskette zu hinterfragen. Und für sich selbst zu beginnen, nur noch Systeme nun mehr und mehr zu wählen, die wahrhaftig holistisch und im Kreislauf der Natur erschaffen werden. Übrigens, was wir euch hier versuchen zu erklären, ist nicht nur auf die Nahrung, wie Obst und Gemüse, ausgerichtet. Dies dient lediglich dem Beispiel. Sondern übertragt das Thema „Toxizität" bitte auf alle Nahrungs- und Lebensfelder, die ihr zu euch nehmt bzw. euch umgeben. Einschließlich der gesamten Tierwelt, die euch als Nahrung dienen oder auch der Meereswelten, die ebenfalls vollkommen mit toxischen Giften überlastet sind. Geschweige von all´ den chemischen Zusatzstoffen, die nicht einmal mehr aus der Natur ihren Ursprung finden! Ihr aber munter in eurem Essen fördert!

Doch die Ironie möchte bisher, dass durch dieses Unbewusstsein, sich bei euch wieder und wieder die Nahrungsketten immer wieder schließen. Das, was ihr in die Meere an Giften kippt, kommt in Form von Nahrung wie z.B. Algen oder Fisch wieder auf euren Teller zurück. Um hier nur einen der Kreisläufe zu nennen. Und wie gesagt, es sind nicht Einzelne, die diese Handlungen ausführen und nun beschuldigt werden sollten. Im Gegenteil: Sie sind nur ausführende Kräfte eines gesamten Kollektivs, dass den Anspruch hat, über alle Maße hinaus nicht mehr im Kreislauf der Natur zu leben, sondern sich als die Krönung der Schöpfung betrachtet. Ihr seid Krönung! Doch Krönung ist eben auch alles andere Bewusstsein um euch! Das wird leider sehr oft noch vergessen! Und dadurch leider bis heute großflächig der natürliche Kreislauf des Planeten Erde immer noch zerstört. Wenngleich wir natürlich auch mehr und mehr sehen können, dass eine wundervolle Welle der Veränderung wieder zurück in den Kreislauf der Natur einzutauchen, begonnen hat. Doch sie ist bisher zu klein, um den großen Wandel zu durchbrechen. Es gilt, dass wahrhaftig alle wundervollen Wesen nun beginnen dürfen, im Naturkreislauf wieder einzutauchen.

Dieses Thema alleine führt ein ganzes Buch aus. Und gerne möchten wir euch darüber tiefer in einem gesonderten Buch mit vielen Tipps und Tricks in naher Zukunft beschenken. Daher nur in Kürze nun die Wahrheit über euren kollektiven Missbrauch der Natur, der wieder und wieder schlussendlich im Körper jedes Einzelnen endet. Und euch selbst tiefer als ihr bisher ahnen könnt, eure Körper missbraucht!

Lasst uns daher nun über eure Körper als Solche sprechen. Was passiert nun mit diesen Giften in euch? Und wir sprechen bisher nur über die physischen Gifte eure Umwelt.

Diese Gifte haben Frequenzen, die nicht mit den Frequenzen eurer Körper kompatibel sind! Das bedeutet, ihr könnt sie nicht verwerten. Und da die Summe dieser Gifte oft schon täglich ein sehr hohes Maß erreicht, beginnen euer Körper den Kampf des Lebens. Und das schon von Geburt an. Selbst durch die Schwangerschaft, als Fötus im Bauch eurer Mutter, nehmen die meisten von euch schon so viele Gifte auf, dass der wahre „Kampf des Überlebens" schon im Mutterleib beginnt. Was meinen wir damit? Die nicht kompatiblen Frequenzen der Toxine werden von euren gesunden Systemen als „Fremdkörper" erkannt. Und ab diesem Erkennen versucht euer Körper, sie sofort wieder loszuwerden. Dieser Mechanismus gelingt durchaus bis zu einem bestimmten Punkt. Jedenfalls solange, solange eure Entgiftungsorgane weder zu überlastet noch zu übersättigt sind. Doch leider ist die Menge an Toxinen schon auf täglicher Basis oft so hoch, dass der Körper, über die Zeit betrachtet, nicht mehr in der

Lage ist, alle Toxine aus eurem Köper zu befördern. Ebenso gilt oft die weitere Tatsache, dass die meisten Gifte tatsächlich „fettliebend" sind. Das bedeutet, sie lieben es, sich in euren Fettzellen einzulagern. Und gerade wenn eure Entgiftungssysteme wie Leber, Nieren, Haut, …, zu übersättigt sind, werden sie nur schwer wieder losgelassen. Und lagern sich stattdessen eben in euren Fettzellen ein. Man könnte glauben, dort sind sie nun gut versorgt und können keinen Schaden mehr anrichten. Aber leider ist dies weit gefehlt. Denn sie agieren zum Beispiel als „Pseudohormone". Und können so als Folge zum Beispiel euren gesamten Hormonhaushalt wieder und wieder durcheinanderbringen. Bis hin, dass zu viele Toxine im Körper Krankheiten verursachen, die vor allem das Nervensystem betreffen.

Kurz und gut: Ich denke, wir konnten euch in dieser kurzen Ausführung tiefer den je erklären, in welchen toxischen Systemen ihr euch wahrhaftig befindet. Und dass nun die Zeit ist, durch euer Bewusstwerden eure Handlungen zu verändern. Für euch selbst und für das gesamte Kollektiv im Kreislauf der Natur.

Was wir jedoch auch noch ansprechen möchten, sind neben den physischen Toxinen auch die Toxine eurer Gedanken und Emotionen. Doch was uns aus energetischer Sicht tatsächlich noch mehr beschäftigt, sind eure nicht-physischen/ energetischen Gifte, die wir in euren Energiefeldern lesen können. Was sind diese Gifte und wie entstehen sie? Es sind Gifte, die ihr selbst kreiert. Ihren Ursprung haben sie in eurem Erleben, euch selbst als Trennung zu allem anderen. Solange dieser Schritt hin zum Erkennen der Oneness noch nicht erfolgt ist, erkennt ihr nicht, dass eure niedrig schwingenden Frequenzen meist vor allem nur euch selbst schaden. Um einige zu nennen, wären da zum Beispiel die energetischen Toxine aus den Emotionen wie Wut, Hass, Neid, oder auch Gedanken, die anderen Schaden zufügen können. Seid euch bewusst: Jeder Gedanke, jede Emotion, der/die einst gedacht oder gefühlt wurde, ist auf anderen Ebenen schon längst zu Materie geworden. Und diese Materie oder auch Lebensformen sind im Grunde die Erlebnisse eurer Parallelrealitäten. Ja, du liest auch hier wieder richtig. Parallelrealitäten existieren zillionenfach. Zum einen als Realitäten, in die ihr in diesem Leben switchen möchtet, um euer Leben z.B. in purer Gesundheit und Wohlstand zu erfahren. Aber so wie diese „hochschwingende" Parallelrealitäten, kreiert ihr durch eure Emotionen und Gedanken auch die Realitäten, in denen ihr noch tiefer im Kampf und Schmerz mit anderen Seelen und vor allem euch selbst existiert. Ihr kreiert mit euren Gedanken und Emotionen wahre Welten. Und oft leider noch Welten des Hasses und Schmerzes. Nun könntet ihr sagen, das tut uns zwar leid, und fühlt vielleicht euch als Lebendigkeit in dieser Parallelrealität kurz. Aber gefühlt scheint es zu unrealistisch zu sein und ihr beginnt immer noch nichts im Hier und Jetzt zu verändern. Das Universum funktioniert so viel komplexer als ihr euch selbst dies bisher annähernd vielleicht vorstellen könnt. Und doch möchten wir euch dies nicht erzählen, um euch ein schlechtes Gewissen zu kreieren. Absolut nicht. Sondern nur, um euer Bewusstsein tiefer den je in den Mysterien des Universums zu schulen.

Kommen wir jedoch nochmals zurück in eure aktuellen Realitätserfahrungen im Hier und Jetzt. Neben eurer Eigenkreation zillionen von Parallelrealitäten sind tatsächlich eure Körper im Hier und Jetzt die wahren Resonanzkörper für eure (toxischen) Gedanken und Emotionen. Was ihr anderen antut, tut ihr euch im Grunde selbst an. Oder ihr richtet gleich den Schmerz auf euch selbst aus. Gleich wie, jeder Gedanke und jede Emotion geht immer in Resonanz mit eurem Körper. Denn eure Körper sind noch zu einem großen Anteil, trotz dieser vielen Toxine, in der Oneness. Wenn du so magst, das Kollektiv aller Körper hat die Ur-Idee der Oneness in sich verstanden und kann daher nur aus dieser agieren. Das bedeutet: Was immer du denkst und fühlst, kreiert sich auf irgendeiner Ebene deines Körperseins bis hin auf die feinstofflichen Energieebenen deines eigenen Energiefeldes als Matrix wieder. Und je nachdem was du denkst oder fühlst, kreiert sich daraus Freude, Gesundheit und Erfüllung. Oder als toxische Variation zum Beispiel Krankheit, Hass und Neid.

Wenn wir hier noch einen Schritt weitergehen möchten, (der unter Umständen nun „mindblowing" ist), so sind eure Toxine, wie zum Beispiel Pflanzenschutzmittel, die ihr in der Umwelt aussetzt, die in Materie gewordenen Toxine eurer eigenen Gedanken und Emotionen, die ihr in euch selbst- jeder Einzelne- kreiert hat. Denn das Außen ist stets nur der Spiegel des Innen. Versteht ihr, wie wir dies meinen? Könnt ihr zunehmend erahnen, was wahrhaftige Oneness bedeutet und wie wirklich alle Dinge in jeglicher Form der Matrix miteinander verwoben sind?

Umso wichtiger möchten wir euch nun Möglichkeiten der Lösungen heute mitgeben. Denn dieser Kreislauf führt euch nur weiter und weiter in eine Abwärtsspirale. Aber nicht in ein kollektives Erwachen. Und daher nun die Möglichkeiten, die wahrhaft jeder Einzelne von euch eingeladen ist, umzusetzen! Denn ihr wisst: Wenn jeder einzelne auf Planet Erde sein Handeln in unterschiedlichen Ebenen verändert, wird sich diese Veränderung als Gesamtkollektiv auf Planet Erde sichtbar zeigen.

Alles, was wir euch nun mitteilen möchten, sind lediglich Ideen, Impulse und Möglichkeiten. Was ihr selbst davon umsetzten möchtet, liegt natürlich stets im Ermessen jedes Einzelnen.

Beginnen wir mit der feinstofflichen Körperebene, den Ebenen eures Energiefeldes.

Die meisten Energiefelder eurer Körper sind „schmutzig". Was meinen wir damit? Anstatt euch in klarer leuchtender Energie zu sehen, scheint es, als würden die meisten Energiekörper um euch wie in einem Art Nebel, Schleier oder Grauton verweilen. Viele Energien davon sind z.B. durch eure Emotionen und Gedanken entstanden. Die wiederum auf Erlebnisse bis hin zu Traumata in eurer Vergangenheit meist beruhen. Doch anstatt diese Loszulassen, tragt ihr eure Traumata weiter mit euch als Energiefelder herum. Und wie schon zuvor erklärt: Auch diese manifestieren dann munter euer Jetzt weiter mit. Und anstatt eines wundervollen Lebens in wahrer Freude zu erleben, kreiert sich weiterhin Schmerz, je nachdem sogar bis auf Körperebene als Erkrankungen. Einfach, weil schon alleine euer Energiefelder nicht „sauber" sind.

Daher möchten wir euch einladen, gerade zu Beginn, euch ab heute täglich mit eurem Energiefeld zu beschäftigen. Und es zu reinigen. Wenn du magst, stelle dir vor, wie du dich selbst als Energiewesen sehen kannst. Und wo immer du eine „dreckige" Energie in deinem Feld erkennst, beginne diese, aus deinem Feld zu lösen. Stelle dir z.B. vor, wie du einen wundervollen goldenen Handfeger hast, und diese Frequenzbereiche einfach auf deine imaginäre Kehrschaufel kehrst. Anschließend wirfst du den „Dreck" in einen imaginären Mülleimer oder verbrennst diese Energien in einem imaginären Feuer. Was hierbei passieren kann, ist, dass in dieser Form der Energiearbeit, dir alte Themen und auch schmerzhaft traumatische Erlebnisse wieder kurz begegnen. Die Aufgabe wäre hier, diese mehr und mehr als genau diese zu betrachten: Ein Erlebnis! Wir wissen, das ist oft leichter gesagt, als getan. Doch sobald ein Erlebnis, gleich welcher Art, ein Erlebnis werden kann, beginnt sich ebenso die Energie in euren Feldern zu lichten. Es ist, als würden alle damit verbundenen niedrigen Frequenzbereiche sich nun auflösen. Und der Grauschleier verschwindet. (Alle Tools der Energiearbeit kannst du übrigens gerne bei der Autorin lernen).

Das bedeutet nicht, dass das Erlebnis beginnt, nicht mehr zu existieren. Oder, dass es klein gemacht wird. Absolut nicht. Denn es ist eine Erfahrung, die du gemacht hast. Somit Teil deines Seins. Nicht mehr und nicht weniger.

Wir wissen, dieser Punkt fällt gerade bei tiefem Schmerz zu Beginn sehr schwer. Und doch möchten wir euch dazu ermutigen, diese tiefen Schritte zu gehen. Denn schlussendlich schaden sie vor allem euch nur selbst. Da ihr festhaltet an Vergangenem, schon längst nicht mehr Dienlichem! Und somit in einer Dauerschleife des Kampfes und Schmerzes nur weiter feststecken werdet. Sei bereit, das Vergangene loszulassen, um tiefer denn je im Hier und Jetzt einzutauchen und aus dieser Seinskraft zu kreieren. Das Ziel darf sein, eure Energiefelder so rein und klar wieder erstrahlen zu lassen, dass eure Seele eine wahre Freude darin findet, in eurem Körper zu wohnen.

Oft seid ihr von diesem Zustand übrigens nur eine Entscheidung entfernt. Es ist nicht mehr! Die Entscheidung, das Alte loszulassen, und alles, was ab heute im Hier und Jetzt nicht mehr dienlich ist, vollkommen loszulassen.

Als kleiner Nebeneffekt werdet ihr spüren, dass sich eure Emotionen mehr und mehr in Freude, Glück und Erfüllung transformieren wird. Denn je weniger „alte Energien" euch weiter „herunterziehen", desto leichter wird es sein, euch selbst in den höheren Schwingungsbereichen zu erleben. Und als weiterer Nebeneffekt schafft ihr, aufgrund eures neuen Erlebens, euer Traumleben. Eine Win-Win Situation auf allen Ebenen.

Also Schritt eins mag sein, eure energetischen Felder zu reinigen. Gerne begleitend mit tiefer Energie- und Chakrenarbeit. Und gerne laden wir euch hier auch ein, diesen Weg, gerade bei sehr traumatischen Erlebnissen, nicht alleine zu gehen. Und jemand in eurem Feld oder auch gerne uns um Hilfe zu bitten. (Die Autorin selbst begleitet schon über viele Jahre in tiefer Transformation wundervolle Menschen durch Traumata in höchste Felder der Heilung).

Der zweite Schritt richtet sich auf die Reinigung eurer Körper aus. Das bedeutet, im ersten Moment, euren gesamten Lebensstil hinterfragen zu dürfen. Und das kann tatsächlich sehr überwältigend sein. Daher laden wir euch ein, diese Phase gerne Schritt für Schritt anzuschauen.

Beginnen wir mit dem Lebensstil. Ist es das, wie du leben möchtest? Oder wenn du ganz ehrlich zu dir bist, fühlt sich dieser Lebensstil viel zu oft, viel zu stressig und disbalanciert an? Was möchtest du darin verändern? Denn alles, was sich nicht gut für dich anfühlt, wird dich wieder und wieder aus deiner Balance hebeln. Und dadurch wieder und wieder in dir Kampf und Schmerz, bis hin zu Krankheit verursachen. Erlaube dir hier gerne das „Unmögliche"! Denn du weißt: Dafür bist du wirklich gekommen!

Als Weiteres möchten wir dir die Frage mitgeben: Wer ist alles noch in deinem Feld, aka deinem Alltag? Sind es Menschen und Begebenheiten, die du liebst? Die in tiefe freudvolle Resonanz mit dir gehen? Oder gibt es vielleicht auch z.B. Menschen/ Umstände in deinem Feld, die sich sehr toxisch für dich anfühlen? Für welche Spiegelung in deinem Inneren stehen sie aktuell? Und welche toxischen Felder darfst du dir erlauben, endlich zu verlassen, anstatt weiter alles „zu erdulden" oder „hinzunehmen"? Denke daran, du bist dein eigener Lebensschöpfer!

Alles, was dir nicht mehr dienlich ist oder zu deinen höchsten Frequenzschwingungen harmoniert, erlaube dir, tief zu hinterfragen, zu verändern und auch gegebenenfalls loszulassen.

Gehen wir nun noch eine Stufe tiefer: Auf die Ebene eurer Organe. Jedes Organ steht für einen bestimmten Bereich in eurem Leben. Sei es auf Körperebene, als Resonanz mit dem Außen oder auf emotionaler Ebene. Gleichzeitig ist jedes Organ über ein bestimmtes Chakra verbunden. Dieses nährt das Organ mit Energie und verbindet jedes Organ bis auf kosmische Ebene mit der Oneness.

In diesem Schritt laden wir dich ein, deinen Körper auf Organ/ Körperebene nach seinem Befinden zu fragen. Und überall dort, wo Dysbalancen existieren, diese wieder in Harmonie zu bringen. Sei es über Energiearbeit oder ganz einzigartig über die Wünsche, die eure Organe euch zuflüstern. Klingt das noch zu verrückt? Stelle dir hierbei gerne vor, wie jedes Organ eine ganz eigene Wesenheit ist. Und dieses frage einfach, wie du ihr/ihm am besten helfen kannst. Du wirst sehen, wenn du die Impulse deiner „Organ-Wesenheit" umsetzt, wird dein Körper wieder mehr und mehr erblühen. Die meisten eurer Körper werden in diesem Schritt große Entgiftungstherapien zu Beginn benötigen. Und wir laden euch tief ein, Mutter

Natur zu fragen, welche Methoden die besten für eure Körper aktuell sind. Ihr werdet sehen, je weniger Gifte im Körper bestehen, desto klarer wird eure Energie wieder werden. Geschweige denn sogar eine wahre Verjüngungskur eures Körpers einläuten können! Und wer möchte das nicht?

Die ersten Schritte dienten nun der Entgiftung vor allem im energetischen Bereich.

Lasst uns nun in die physische Ebene der Entgiftung eintauchen. Leider gibt es aktuell keinen Körper auf Planet Erde, der von physischen Giften frei ist. Das ist die Nebenwirkung eures aktuellen Lebensstils, wie schon eingangs des Kapitels erwähnt. Selbst, wenn ihr euch schon über Jahre wieder und wieder reinigt, so werdet ihr doch täglich neuen Giften ausgesetzt sein. Und eure Körper kämpfen somit täglich „dagegen" an. Umso wichtiger ist es daher, in diesem Schritt eure Körper auch auf physischer Ebene zu entgiften. Ziel darf es sein, eure Entgiftungsorgane zu entlasten und zu beginnen, wo immer möglich, giftfreie Nahrung und alle weiteren Materialien, die euch umgeben giftfrei auszuwählen. Je weniger Gifte ihr schon von vorneherein in euch oder an euch lasst (auch zum Beispiel durch Kleidung), desto weniger Kampf braucht es auf Körperebene in euren Systemen. Frei nach dem Motto „Back to nature"! Das bedeutet: Beginnt pestizidfreie Nahrung zu euch zu nehmen. Beginnt hochfrequente Nahrung zu euch zu nehmen (dazu gleich tiefer mehr, wieso dies sogar für die Schulung eurer Hellsinne extrem wichtig ist). Beginnt eure Kleidung auf toxinfreie Kleidung umzustellen. Beginnt eure Zuhause toxinfrei umzugestalten. Beginnt ...

Ihr seht, es ist einiges zu tun! Doch ihr werdet spüren, wie jeder einzelne Körper beginnt, wieder tief aufzuatmen und aus dem Survival-Mode in einen puren „Wohlfühl-Mode" umzuswitchen. Und dies nur, weil ihr euer Leben wieder Schritt für Schritt mehr auf den natürlichen Kreislauf der Natur einstellt. Ihr werdet sehen, viele Dinge, die ihr glaubtet haben zu müssen oder sein zu müssen, werden sich durch diese Veränderung sogar wie von selbst auflösen. Und ein Gefühl von tiefstem Frieden und Freiheit wird euch mehr und mehr begleiten.

Übrigens, als kleiner Nebeneffekt kann sogar passieren, dass, je tiefer ihr diesen Weg des Entgiftens gehen werdet, ihr umso hellfühliger, hellwissender und intuitiver werdet! Es ist wahrhaft eine Schulung eurer Sinne. Die bis hin zu dem Erwachen bzw. Reaktivieren eurer Hellsinne wie Telepathie, Energiesehen und vielem mehr führen werden. Und ihr werdet wieder beginnen, wie zu Atlantis-Zeiten und früher, Energie zu sehen. Gerade im Wählen der Nahrungsmittel oder Kleidungsmaterialen kann euch das Energiesehen eine große Hilfe sein, tiefer denn je zu erkennen, was euch wirklich energetisch unterstützt und was reines „Gift" für euch ist.

Stellt euch einmal vor, ihr würdet beginnen, in jedem einzelnen Nahrungsmittel die Energiefrequenzen dessen wahrzunehmen. Wie sähe dann die Frequenz von Toxin-belasteter Nahrung aus? Wie von biologischer Nahrung? Was würdest du wählen? Und genau diese Art der

Phänomene werden euch in naher Zukunft passieren. Denn je reiner ihr selbst in eurer Energie auf allen Ebenen wieder seid, desto reiner wird euch auch die Energie im Außen als sichtbares Phänomen erscheinen können.

Die Folge des Energiesehens wird sein, dass ihr all' eure aktuellen Lebens-Konstrukte noch detaillierter hinterfragen werdet. Und Dinge, die dann nicht mehr in höchster Resonanzschwingung mit eurer nun dann schon hohen Energie kompatibel sind, werdet ihr automatisch verändern. Und dadurch werdet ihr automatisch wieder im Schoß von Mutter Erde und im Einklang mit ihr leben. Wie ihr erkennen könnt, die Reise der Veränderung beginnt tatsächlich bei jedem selbst. Und nur die eigene Wahl wird es sein, die den eigenen Weg frei macht, tiefer den je wieder in die Oneness „nach Hause" zurückzukehren.

Doch was wir jetzt schon wissen und euch gerne mitgeben möchten: Es wird ein Zuhause werden, das einlädt, euch zu besuchen.

Über folgende Fragen möchten wir euch heute gerne einladen, tief in euch zu spüren, und euer aktuelles Leben zu hinterfragen. Ein Hinterfragen, in dem ihr selbst als Detektive euer Leben auf der Suche nach Toxinen jeglicher Art auf den Kopf stellt. Denn es gilt: Je klarer die Energie in euch, euren Körpern und um euch wird, desto energiereicher wird auch euer Leben wieder werden. Und das auf vielfältige Art und Weise.

Daher nun gerne folgende Fragen an dich:

„Wenn du jeden Lebensbereich aktuell betrachtest: Wo befindest du dich schon in klarer Energie? Wo entdeckst du toxische Energien?"

„Welche unterschiedlichen Toxine kannst du aufdecken? Auf welcher Schwingungsebenen befinden sich die Toxine, die aktuell in deinem Leben sind?"

„Was braucht es in jedem einzelnen Betrachten der Lebensbereiche, um nun Schritt für Schritt die Toxine aus deinem Leben zu entfernen?"

„Was ist dein wahrer Lebens-Rhythmus? Rast du aktuell durch dein Leben? Vielleicht, weil du es allen im Außen recht machen möchtest? Oder vielleicht, weil deine To Do-Liste nicht ansatzweise auf 24h/Tag passen kann?"

„Was kannst du definitiv von deiner langen To Do-Liste nehmen, um wieder in tiefe Balance im Alltag zu kommen?"

„Wieder im Rhythmus mit dir und deinem Feld zu kommen, bedeutet, dass der Schlüssel des Lebens in seiner Einfachheit liegt: Wo hast du das Leben verkompliziert? Wo hast du es selbst überladen?"

„Welche Dinge machen dich wirklich glücklich? Merkst du, es sind nicht unbedingt die Dinge, die viel Geld benötigen oder „extravagant" sind? Sondern es sind die Dinge, die tief dein Herz berühren. Was sind das für Dinge?"

„Bist du bereit, deinen Herzensmomenten ab jetzt wieder mehr Raum zu geben? Vielleicht sogar einen festen

täglichen Termin in deinem Terminkalender einzuräumen?"

"Wann hattest du das letzte Mal "Me-Time"? Einfach nur Zeit für dich, um deine Seele baumeln zu lassen?"

"Wann hast du dir das letzte Mal erlaubt, Nichts zu tun? Oder sogar Langeweile zu haben?"

Wir haben dir gerade in diesem Kapitel sehr viele unterschiedliche Tools mit an die Hand gegeben, wie du Toxine nun wieder aus deinem Leben entfernen kannst. Mit der folgenden Meditation möchten wir dir eine klare Anleitung zur Reinigung deines Chakren-Systems nun mitgeben. Es wird dir helfen, mit der Zeit wirklich alle Ebenen deines Seins von jeglicher Art an Toxinen zu befreien. Daher unsere Einladung an dich: Führe diese Meditation gerne täglich durch, um wieder tief in deiner wahren Seelen-Balance anzukommen.

Die Meditation „Chakrenreinigung" findest du unter folgendem Link als Download:

****

Meditation „Chakrenreinigung"

Download:
https://ruthverenaweber.tentary.com/p/KcLf2e

Code: Starbeing

****

Vielleicht erscheinen euch gerade diese Aufgaben aus diesem Kapitel unerreichbar zu bewältigen. Gerade weil „Toxine" in so vielfältiger Art und Weise in euren Leben existieren. Lasse dich hierbei nicht aus der Ruhe bringen. Und gehe deinen Weg einfach Schritt für Schritt. Und wenn wir dich zu etwas einladen möchten, so ist es folgendes: Wenn es dich tief ruft, so informiere dich darüber, wie eure Vorfahren bis hin zu den wundervollen Menschen der sogenannten Naturvölker im Einklang mit Mutter Erde lebten und bis heute leben? Sie sind es noch, die im Rhythmus mit Mutter Erde leben. Und durch ihre tiefe Verbindung mit ihr auch ihre Stimme wahrnehmen. Ihre und die Stimmen des Waldes wie Tiere und Pflanzen. Sie sind es auch, die dieses tiefe Wissen in sich tragen, was es wahrhaftig bedeutet, im Einklang mit „ALLEM LEBEN" zu leben. Und noch tief im Einklang von „Geben" und „Nehmen" leben. Was, wenn sie die Goldperlen für dich schon längst in der Hand halten und du diese in deinem „modernen" Leben sehr leicht integrieren kannst? Ein Versuch wäre es wert, oder?

Tag 11 Universums Spielereien

Lasst uns heute gemeinsam eintauchen, tief in die Wahrheiten des Universums. Dürfen wir dich heute mitnehmen auf einer Reise durch Zeit und Raum (die niemals existiert haben). Um dir tief selbst zu erlauben, zu erkennen.

Zu erkennen der Wahrheiten des Universums! Und durch dieses Erkennen, der Wahrheit in dir. Tiefer denn je!

Wie das Universum aufgebaut ist, haben wir dir schon versucht näher zu bringen. Auch wenn es natürlich in sich noch etwas komplexer ist. In diesem Kapitel möchten wir dich verführen. Verführen in unsere Welten und Galaxie-Systeme. Denn ja, wir sind viele. Um nicht in euren Worten zu sagen: Zillionen unendlicher Zahlen an Bewusstseinsformen.

Wir, die wir zu euch sprechen, kommen aus den Systemen der Plejaden. Und hier möchten wir gerne mit euch beginnen, zu starten, und etwas mehr über uns selbst erzählen. Wer wir sind, wie auch unsere Geschichte verlief und warum wir gerade jetzt zu euch kommen.

Wir Plejaden kommen von „den blauen Systemen". Das ist eine Ansammlung an benachbarten Planeten, die miteinander in Synergie leben. Das bedeutet, wir tauschen uns miteinander aus. In Wissen und im Erreichen neuer Ziele zum Wohle aller dort lebenden Bewohner und darüber hinaus. Wir leben in purer Harmonie miteinander und haben uns in unserer Dimension dazu verpflichtet, nun anderen Planeten in ihrem größten Wandel beiseite zu stehen. Genau darum nehmen wir Kontakt mit euch auf. Um für euch da zu sein, während ihr diese „Tage" eure größte Transformation seit Urzeiten eures Planeten durchführt. Jedenfalls all´ jene unter euch, die gerade diese Worte lesen können (ihr erinnert euch: Alles existiert parallel).

Wir sind viele und stehen an eurer Seite. Teils inkarniert in menschliche Körper, um in eurer Physis interagieren zu können. Und ja, diese Körper sind wahre Herausforderungen für uns. Sie sind „enger" und „dichter" als unsere Form der Physis. Zum anderen leben wir aber in vielen Formen auch in anderer Art von Bewusstsein unter euch. Stets euch zu erinnern, an euren wahren Ursprung. Ob als Tiere, Pflanzen oder sonstige Lebensformen. Und ja, ihr ahnt es schon: Wir leben auch als plejadische Wesen mit unseren plejadischen Körpern als sogenannte „Geistwesen" bei euch. Jedenfalls tituliert ihr uns bisher so, da ihr uns als physische Existenz noch nicht im Allgemeinen wahrnehmen könnt. (was sich schon in naher Zukunft allerdings aufgrund eurer Schwingungserhöhung verändern wird). Wir meinen damit, dass wir auch als höherschwingende Wesen mit unseren „Raum-Fahrzeugen", teils aber auch einfach durch die Kraft des „Beamens" (je nach unserem Entwicklungsstand) auf Planet Erde in unserer Urform aktuell auf Planet Erde sind. Die ersten von euch können uns sehen. Es sind Menschen, die unsere „höheren/ anderen" Frequenzbereiche schon annehmen können. Und durch die Überdeckung ihrer Frequenzen mit unseren können wir uns begegnen.

Manche mehr von euch können uns schon telepathisch wahrnehmen, so wie die Autorin. Das ist die erste Form unserer Wahrnehmung. Dahinter steht auch eine Übereinstimmung unserer mit eurer Frequenzfelder. Tatsächlich ist die Kommunikation über Telepathie für euch meist noch etwas einfacher, als sich auch in die Materiefelder unserer Frequenzen einzuloggen. Sozusagen in die Frequenzfelder des „Sichtbaren" die eigene Frequenz zu verankern. Aber auch hier haben wir gute Nachrichten für euch. Auch dies wird nun nur noch eine Frage der Zeit für euch sein.

Doch kommen wir nochmals mehr zu uns zurück. Damit ihr mehr über uns erfahrt und vielleicht auch eure tiefen Ängste vor „bösen Kräften aus dem Universum" aus eurem Bewusstsein sich lösen können.

Seid gewiss, Wesen höchster Schwingung werden euch nie ein Leid zufügen. Sondern mit euch zu eurem höchsten Wohle interagieren. Stets in höchstem Respekt vor eurer Würde und der Macht eurer freien Entscheidung. Denn alle Wesen, die aus der Oneness agieren, sind tief herzgeführt. Und dienen ausschließlich dem „All-Eins-Bewusstsein" in höchster Lichtkraft!

Wir verneigen uns tief vor euch, im Wissen, was ihr in euren letzten Jahrtausenden durchgemacht habt. Viele von uns haben euch in diesen Zeiten wieder und wieder besucht. Und standen an eurer Seite. Auch wir selbst haben als verkörperte Wesen in Menschengestalt euren Planeten immer wieder besucht und durch eigene Erfahrungen in Inkarnationen selbst tiefes Wissen aus dem „Feld der Trennung" erlernt. Umso bedeutender für euch nun zu wissen, dass wir euch tiefer verstehen, als ihr bisher vielleicht annehmen könnt.

Auch wir kennen die Phasen der Zerstörung auf unseren Planeten. Haben selbst einst entschieden, bestimmte „Felder der Trennung" auf unserem Planeten zu kreieren. Zwar mit anderen Gesetzmäßigkeiten, wie auf Planet Erde. Denn es galt hier, andere Dinge zu erfahren. Und doch gleichzeitig haben auch wir „Zeiten" durchlaufen, die sich schwer anfühlten. Schwer und schmerzvoll.

Diese Zeiten erweckten in uns Energien, die gleich den Energien von Zerstörung und Wut auf eurem Planeten ähnelten. Das war eine starke Zeit der Veränderung. Und doch hatten wir uns damals, so wir ihr einst, bewusst für diese Erfahrungen entschieden. Entschieden wurde dieses „Feld der Trennung" als göttliches Kollektiv vieler von uns. Gleichzeitig inkarnierten wir darauffolgend selbst in diese Felder. Und auch andere planetarische Wesen wie auch Wesen ferner Welten folgten ihrem eigenen tiefen Ruf und entschieden sich, sich auf unserer „Felder der Trennung" einzulassen. Sogar Wesen eures Planeten, eurer Urform als „Menschsein" besuchte uns in diesen Zeiten. Teils um von uns zu lernen, wie wir mit den „Feldern der Trennung" umgehen, um folgend in eurer nächsten Inkarnation das Wissen auf euren Planeten mitzunehmen. Teils auch einfach, um klar euch selbst tiefer denn je erfahren zu können.

Die Entscheidung „Felder der Trennung" zu kreieren passiert nicht einfach so. Oder nur von einzelnen die gerade „Lust auf Abenteuer" bekommen. Sondern diese Entscheidung ist mit gewissen Wagnissen verbunden. Und das ist allen Wesen im Universum bewusst. Auch euch war dieser Schritt damals bewusst. Denn keiner konnte wissen, ob euer Experiment gut ausgehen würde oder eine vollkommene Vernichtung notfalls die beste Lösung für alles Sein des Universums ist. Wir wissen, wie hart es ist, in so tiefer Trennung zu existieren, dass man sich selbst vergisst. Und genau darin liegt das Wagnis. Das Wagnis des „Nicht-Wissens". Daher werden auch stets vorab gewisse „Sicherheitsmechanismen" eingebaut. Zum Beispiel, dass keine vollkommene Vernichtung anderer Wesen stattfinden darf. Oder eine Art „Enddatum" des Universums. Und gleich, was auf bestimmten Planeten passiert, es gibt immer unendlich viele Wesen um diesen, um alles Bewusstsein zu jeder Zeit zu begleiten. Stets immer auch in Absprache aller Ereignisse und nächsten Schritte mit dem Hohen Rat des Universums.

So war es auch bei uns. Und wir gingen gefühlt durch die „Hölle" des Bewusstseins, während wir in den „Feldern der Trennung" lebten. Wir bekriegten uns. Führten hyperplanetarische Kriege mit anderen Planeten und Bewohnern um uns. Griffen sie an und versuchten sie zu vernichten. Aus ähnlichen Ängsten wie eure: Der Angst, nicht genug zu haben. Nicht genug für ein gutes Leben zu besitzen. Es waren schreckliche Zeiten. Und jeder neue

Angriff führte über Jahrtausende noch zu weiteren Angriffen. Und tiefem Leid.

Es ist wahrhaft erstaunlich, was das Gefühl purer Trennung in unserem Bewusstsein bewirkt. Gleich, dass eine unendliche Fülle vorhanden war, konnten wir diese nicht mehr wahrnehmen. Es war, als wären wir von der Fülle getrennt gewesen. Und obwohl sie sichtbar vor uns war, konnten wir sind nicht wahrnehmen. Eine Erblindung des eigenen Bewusstseins scheint bei der Energie von Trennung zu geschehen. Wir denken, ihr könnt uns gerade gut verstehen, durchlebt ihr doch gerade ähnliche Erfahrungen.

Wir wollten alles besitzen. Und die Herrscher des Universums werden. (Keine Sorgen, dies könnte niemals geschehen, da wie gesagt, andere Wesen dann eingreifen würden und auch aufgrund der Wahrheit des Universums diese Größe niemals möglich wäre).

Doch gleich wie, wir erfanden nur noch Dinge für weitere Zerstörung. Bis wir uns selbst zerstörten. Untereinander! Und keine Form der Existenz mehr möglich war. Fast unsere gesamte eigene Population löschten wir in diesen Zeiten aus. Ein Massensterben unendlichen Ausmaßes. Wir schafften es fast, den gesamten Planeten zu erlöschen.

Umso tiefer ist daher nun unserer Mission zu euch. Um euch vor diesen Erfahrungen wahrhaft zu bewahren.

Ja, wir wollten damals testen, wie weit man gehen könnte. Bis nur noch ein paar wenige von uns übrig blieben. Auf unserem großen Planeten. Wir waren müde. Bis wir spürten, wie unendlich müde des Kampfes und der Zerstörung wir tief in uns waren. In uns breitete sich der Gedanke aus, dass es wohl auch andere Formen des Lebens geben müsste. Erst in diesem Moment, dem Moment purer Zerstörung, konnten wir diesen Gedanken wieder zulassen.

Wir waren zwar in einem „Feld der Trennung", allerdings durchaus in diesem, unseren magischen Fähigkeiten bewusst. Teleportation und Manifestation, diese bewussten Gaben waren uns stets im Bewusstsein. Dadurch konnte es auch erst zu einem solchen planetenübergreifenden Ausmaß in unserem Sternensystem kommen. Es war ein Spiel, aus eurer Sicht, der „Superhelden"! Ähnlich wie eure Science-Fiction Filme die Leben von Superhelden darstellen, so erlebten wir unsere „Felder der Trennung". Leider retteten wir damals nicht unseren Planeten bzw. unser gesamtes plejadisches Planetensystem. So, wie es in der Regel eure Superhelden eurer Filme tun. Sondern übten unsere „Superheldenkräfte" nur für die Zerstörung aus. Könnt ihr euch vorstellen, in welcher Macht an Kreation wir in diesem „Spiel" waren? Kein Wunder, welches Ausmaß am Ende die Zerstörung unseres Planeten hatte.

Wir mussten gänzlich bei null neu beginnen und wieder alles aufbauen. Auch wenn natürlich die Kreation neuer Lebensformen, durch unsere magischen Kräfte, etwas schneller begann. Das war der Moment, in dem wir begannen unsere Magie wieder für das Licht einzusetzen!

Doch viel entscheidender war die Erkenntnis, dass wir wirklich als Bewusstsein in der Lage sein konnten, alles zu zerstören. Tiefe Traurigkeit überkam uns damals. Und wir gaben uns den Schwur, ab diesem Moment nur noch dem Licht zu dienen. Und unsere Kräfte für die Erfüllung des Wohles aller einzusetzen.

Umso wichtiger ist es uns daher nun, euch in eurem Weg des Aufstiegs tiefer den je zu begleiten. Und alles in unserer Macht Stehende zu verhindern, was auch euer Leben auf Planet Erde vollkommen auslöschen würde. Und was sollen wir sagen: Ihr arbeitet noch immer schwer an eurem Untergang. Und nicht nur an eurem, sondern auch am Untergang aller anderen Lebensformen, die sich bereit erklärten, mit euch gemeinsam, auf Planet Erde zu leben. Was uns sehr traurig macht. Und daher umso wichtiger ist nun, euch aus den „Feldern der Trennung" zu begleiten.

Diese Entscheidung kann allerdings nur jeder von euch selbst treffen. Denn wir achten euren freien Willen als eine der höchsten Gebote. Doch wer immer von euch sich für die Wahrheit der Fülle, dem Ursprung des Universums, öffnen möchte, so sind wir gerne an eurer Seite.

Nun möchtet ihr bestimmt wissen, wie wir aus diesem Irrsinn wieder herausgefunden haben?

Tatsächlich haben wir versucht, unsere Geschichte zurück zu verfolgen. An ihren Ursprung. Für euch würde dies simultan bedeuten, euren Natur-Ureinwohnern dieser Erde, die noch unter euch verweilen, wieder unendlich viel

Beachtung zu schenken. Denn sie tragen alles Wissen in sich. Das Wissen aller Zeiten und Welten.

Der erste Schritt von uns war, sich genau auf unser Ur-Sein, vor der Entstehung der „Felder der Trennung" zu erinnern. Das war gar nicht so einfach, wenn man über Jahrtausende auf Zerstörung und Angst fokussiert ist. Doch wir begannen in der nun herrschenden Stille um uns, uns wieder auf die innere Stille zu konzentrieren. Und in dieser Stille erschienen unsere Urahnen. Und lehrten uns wieder unserer Wahrheit.

Ihr seht, es gibt einige Parallelitäten zu eurem aktuellen Weltgeschehen.

Mit dem Unterschied, dass wir unsere magischen Kräfte nicht verloren oder „Schlafen gelegt" hatten. Doch wenn man die ganze Zeit auf Zerstörung und der Kreation von zerstörenden Mechanismen ausgerichtet ist, ist es ziemlich schwierig, sich zu erinnern, wozu diese magischen Kräfte im Ursprung wirklich verwendet werden könnten.

Wir wussten zwar, wir sind nicht alleine im Universum. Hatten wir doch andere Planeten bekriegt. Doch nun Hilfe von außen anzufordern, erschien uns sehr schwierig. Geschweige denn, Bündnisse des Friedens mit allen Nationen zu schließen.

Ihr seht, auch wir waren an diesem Punkt, uns bewusst zu werden, wohin tief die Wahrheit nun führen würde.

So haben wir „gefastet". Im übertragenen Sinne. Anstatt den Fokus weiter nach außen zu legen, haben die Weisen unserer Gemeinschaft sich zurückgezogen und nach innen geschaut. Wir anderen haben geduldig auf ihre Rückkehr gewartet. Und währenddessen schon begonnen, unseren Planeten von Krieg und Zerstörung zu befreien. Viele von uns sind in dieser Zeit verhungert. Verhungert, da auch wir uns von der Fülle-Energie entfernt hatten, die alles nährt. Es ist die Energie, die ihr zu euch nehmt. Nicht die Nahrung in ihren grobstofflichen Atomen und als Materie als solche. Doch auch wir hatten vergessen, wie wir bewussten Zugang zur Fülle-Energie bekommen konnten. Und wie sie uns wirklich nährt!

Die „Felder der Trennung" beinhalten, nach unserem Wissen und bisherigen Verständnis, alle eine Tatsache: Die Tatsache, dass durch die bewusste Abwendung des Lichtes, versucht werden muss, auf andere Wege Energie zu bekommen, um weiter zu existieren. Licht ist Nahrung und gleichzeitig die pure Kraft und Magie der Manifestation und der Erschaffung jeglicher Dinge: Materie und Nichtmaterie. Doch sobald diese Energie nicht mehr bewusst wahrgenommen werden kann, „verhungern" jegliche Arten des Bewusstseins. Nur durch diese Trennung ist oft sehr schnell im Feld, dass man nun andere Quellen der (Licht-)Nahrung benötigt. Und als Wesenheit beginnt man sich umzusehen, wie vielleicht andere Organismen diese Existenz erschaffen. Es ist ein Beobachten. Harte Schule. Doch was erzählen wir euch. Ihr kennt diese harte Schule und seid selbst noch viel am Beobachten eures Feldes und lernt von anderen Bewusstseinsformen. So habt ihr z.B. die Pflanzen schon sehr tief studiert. Noch nicht in ihrer Gänze, sonst würdet ihr vollkommen erkennen, dass der wahre Schlüssel auch hier in der Nahrung kleinster Lichtpartikel liegt. Bisher ist eure Forschung soweit, dass ihr beobachtet, wie Licht in den Wesen der Pflanzen in Energie verwandelt wird. Ähnliche Techniken zeigen daher eure etwas neueren Energiesystem, die ihr Solarzellen nennt. Doch auch hier möchten wir euch darauf hinweisen, dass sie noch nicht die Lösung aller Energieherausforderungen sind. Denn solange eure Erfindungen, gleich welcher Art, weiterhin den Planeten Erde zerstören, indem ihr die Ressourcen aus Mutter Erde unter höchster Verwüstung ganzer Landschaften räubert, sind sie noch nicht im Sinne des Kreislaufs des Lebens aus diesem kreiert. Erst, wenn ihr in der Lage seid, euren Energiehunger jeglicher Art und Weise im Einklang mit allem Bewusstsein auf Planet Erde und MIT Mutter Gaia zu führen, seid ihr in höchstem Bewusstsein. Und dies wiederum wird euch weitere Tore des Universums dann öffnen, die jetzt noch viel zu verrückt für euch erscheinen werden. Der Schlüssel ist die Achtung ALLER LEBENSFORMEN!

Ganz gleich: Die Kraft der Energie, der kleinsten Funken göttlichen Gewahrseins ist DIE Kraft, die alles erschafft und nährt. Könntet ihr sie sehen (wie manche von euch es durchaus schon wahrnehmen können), so würdet ihr erkennen, dass sie in unendlicher Menge existiert. Der nächste Schritt wäre dann, zu erkennen, dass diese Energieform transformiert werden kann und jegliche Materie erschafft. Sogar wahre „Energietransformatoren" können mit diesen „Gottesfunken" kreiert werden, die weitestgehend eure Energieprobleme abdecken würden.

Ist das nicht verrückt? Es fliegt vor eurer Nase herum, ihr selbst seid eine Ansammlung an Energiefunken, als „Gemeinschaft Körper" kreiert. Und doch ist genau diese bisher für euch ungreifbare Energie scheinbar so weit entfernt, sie zu nutzen, wie nie zuvor!

Doch wenn wir erlauben, uns ging es damals genauso. Auch wir konnten sie nicht mehr wahrnehmen. Wurden zu wilden Tieren und vergaßen jegliche Manieren. Am Ende angekommen, wussten wir nur noch eines: Wir müssen beginnen aufzuräumen. Und das taten wir.

Während unsere Weisen noch tagten und die Lichtkräfte des Universums wieder auf unseren Planeten durch ihr hohes Bewusstsein auf unseren Planeten einluden und verankerten, räumten wir anderen die Planeten auf. Und je mehr Struktur in alles kam, konnte sich auch wieder alles der göttlichen Ordnung erinnern und sich transformieren. Vielleicht ist hier das Bild am dienlichsten, wenn wir sagen, unser Planet war in vollkommenem Dunkel und wandelte sich nun wieder Stück für Stück in helles Leuchten. Und je mehr wir unsere Kräfte begannen für das Licht zu verwenden, kehrte auch in unseren Herzen wieder Frieden ein. Und wir selbst begannen uns zu erinnern, und zu wandeln zu den Wesen, die wir heute sind. Wesen, die den höchsten Lichtkräften dienen. Und dies im gesamten unendlichen Kosmos!

Als die Weisen zurückkamen, fanden sie wieder einen Planeten vor, der überwiegend in harmonischer Schwingung war. Die Aufgabe der Weisen ist bis heute, ihre Kräfte zu verwenden, die Energien auf unserem

Planeten zu bündeln und zu halten. So wie auch bei euch weise Wesen an fernen meist sehr abgelegenen Orten diese Kräfte für euren Planeten bündeln.

Heute haben sich unserer Schwingungen nicht nur stabilisiert, sondern durch unser mittlerweile kosmisches Wirken- über unseren Planeten hinaus- auch sehr erhöht. Wir reisen durch ferne Galaxien, Räume und Zeiten. Teils inkarnieren wir auf diesen und nehmen die dort vorherrschenden Körpergestalten an. Teils ist es unsere größte Aufgabe, andere Systeme in noch höhere Frequenzbereiche zu begleiten.

Ja, wir haben aus unserer „Vergangenheit" viel gelernt. Und noch tiefer erkannt, was es bedeutet, in der Oneness zu existieren. Und was aber auch passieren kann, wenn dieses Bewusstsein dafür gerade fehlt. Und wir durften lernen, wie wahrhaft mächtig wir tief in uns sind. Von vollkommener Zerstörung hin zu purer Erleuchtung. So würdet ihr es nennen. Warum wir euch dies erzählen?

Da auch ihr gerade an diesem Punkt eures Bewusstseins nun steht. Euch in eurer aktuellen Dimension entweder in ein Paradies zu bewegen oder durch weitere Zerstörungen tiefer als bisher zu ahnen, euren Planeten zu zerstören.

Wir laden euch ein, aus unseren Fehlern zu lernen. Schon jetzt zu erkennen, wer ihr in Wahrheit seid. Und nicht erst den Wandel des Planeten einzuberufen, wenn vollkommene Zerstörung herrscht. Denn von dort ist der Weg unendlich viel länger, wieder zurück in die Felder des Lichtes, als an dem Punkt, an dem ihr gerade seid!

Und dass, gleich wie viele Wesen und Formen des Bewusstseins auf Planet Erde existieren, alle Wesen in der puren Fülle leben können.

Wir selbst leben mittlerweile mit vielen anderen Wesen zusammen. Auf unserem Planeten. Seither ist bei uns wieder ein wildes Treiben voller Freuden und großer Austausch über viele kosmische Felder mit den unterschiedlichsten Bewusstseinsformen von nah und fern. Das ist, was auch euch nun in naher Zukunft erwartet. Dass wir uns physisch begegnen werden, noch tiefer das Wissen höchster Technologien auf Planet Erde nun verankert werden wird. Und ihr selbst mit diesen Technologien durch Raum und Zeit reisen werdet, um auch Orte des Lernens und höchster Freuden im gesamten Kosmos zu erfahren.

Doch momentan darf der Fokus noch auf Planet Erde für euch sein. Denn es gibt noch einiges zu tun.

Vielleicht als kleiner Einblick für euch, wie wir jetzt leben, um zu verstehen, welche wundervolle Magie auf euch aktuell wartet:

Wir leben in Lichtstädten. Übrigens teilweise haben wir diese auch bei euch in anderen Sphären aufgebaut, um klar vor Ort eure Energie zu erhöhen und mitzuwirken. Lichtstädte sind Städte mit höchster Technologie und doch gleichzeitig tiefster Ruhe. Es sind Sammelpunkte für alle Einrichtungen und gleichzeitig auch Orte, an denen das Reisen in ferne Galaxien geschieht. Unsere Technologie beruht auf Licht-Technik. Und tiefer Schöpferkraft unserer eigenen Seinskraft. Das bedeutet, jedes Wesen von uns hat sich klar erkannt, in seiner Frage, wer es ist. Und klar auch erkannt, welche Fähigkeiten und welche Einzigartigkeiten es in sich trägt. Und genau diese werden ausgelebt. Ausgelebt, in dem jeder so der größtmöglichste Beitrag für alle ist. Konkurrenz und Machtsysteme existieren bei uns nicht mehr. Denn sie sind nicht nötig. Durch das Erkennen jedes Individuums seiner eigenen grenzenlosen Einzigartigkeit fügt sich alles ineinander und jeder findet seinen Platz. Bzw. weiß schon vor „Landung" auf unserem Planeten, in welchen Skills man sich weiter ausprobieren möchte. Und welche Skills wiederum als Beitrag aller in das ausgewählte Besuchsfeld gegeben werden. Wir haben hierbei schon allerlei lustige Dinge erlebt. Es ist ein System des Nehmens und Gebens. Und des Bewahrens des Gleichgewichts. Der Schlüssel ist hierbei, der größte Beitrag für alle zu sein, indem man seine puren Gaben im Feld mit anderen teilt.

Und obwohl alles in Oneness existiert, so gilt auch gleichzeitig das Gesetz der Einzigartigkeit bei uns. Das ist der Punkt, in dem viele gerade von euch tiefe Fragen haben. Was ist eure Berufung? Wer bin ich selbst? Beginnt hier einfach tief eurer Freude zu folgen. Sie ist der Schlüssel für alles. Was glaubt ihr, wie großartig das Miteinander ist, wenn jedes Wesen seine Einzigartigkeit bewusst lebt und so der größte Beitrag in höchster Frequenz für alle ist?

Unsere Energiesysteme sind ausgerichtet auf die Energie der „Gottesfunken", die ihr auch „freie Energie" nennt. Hierbei fangen wir diese Energie ein, und leiten sie in

Form von göttlichen Funken auf unterschiedlichen Kanälen weiter und kreieren so jegliche Form an Energiesystemen, die wir für unser Leben hier benötigen.

An Nahrung ernähren wir uns aktuell noch von Essenzen, die uns umgeben. Feste Nahrung als solche konnten wir wieder ablegen, als wir erkannten, dass wir nur von der Lichtenergie als solche leben. Und wäre es dann nicht schlauer, von der reinen Lichtenergie zu leben, als erst noch das „Geschenkpapier", aka feste Nahrung, drum herum mitzuessen? Doch um diesen Mechanismus in uns auszulösen, brauchte es vorerst körperliche Veränderungen und tiefe Umstellungen, bis hin zu tiefen Bewusstseins-Shifts, um zuerst die eigenen Energiesysteme in sich wieder du reaktivieren und wirklich in der Lage zu sein, nur von Energie zu leben. Wie gesagt, auch wir sind noch auf dem Weg, uns nur von Lichtnahrung zu ernähren. Aktuell ist die Nahrung, die Essenzen von z.B. Blüten oder Pflanzen als Form von „Energieströmen" in uns einzuatmen. Und diese können wir nun schon umwandeln in reine Körperenergie. Natürlich sind wir gleichzeitig auch in unseren Körpersystemen durch unsere hohe Schwingung sehr bewusst wieder in die kosmischen Energiefelder integriert. Das macht uns alles leichter. Auch schon alleine, um in diesen hohen Schwingungen zu bleiben. Und durch die Schwingungsfrequenzen unseres Planeten natürlich ebenso.

Doch genau das ist in eurer Weise auch der Weg, den ihr nun vor euch habt. Ich könnt in uns teilweise eure eigene Zukunft sehen. Und trotz aller Techniken und

Erneuerungen die euch erwartet, ist hier auch klar der Weg zurück in die Integration in das Zusammenwirken mit Mutter Erde. Ihr seid vollkommen aus dem Kreislauf der Elemente gefallen. Eine „Nebenwirkung", wenn man in den „Feldern der Trennung" interagiert. Aus einem Bewusstsein heraus, dass nichts zusammengehört. Vielleicht sogar gegen einen selbst handelt. Darum habt ihr begonnen, tiefe Aktionen gegen andere Wesen bis hin gegen euch selbst zu unternehmen. Wer, wenn nicht wir könnten das besser verstehen. Das sind Ereignisse, die geschehen, wenn der Zusammenhang der Oneness nicht mehr spürbar ist.

Umso tiefer geht es nun darum, wieder euch zurück zu integrieren in die kosmischen Klänge von Mutter Erde. Mit ihrem Rhythmus als Einheit zu interagieren und zu kreieren. Denn nur in dieser Weise ist eine Rettung in dieser Dimension für euch möglich. Und nicht nur wieder in die kosmischen Wogen mit Mutter Erde, sondern auch wieder die Rhythmen eurer Körper wahrzunehmen, ist eine weitere große Aufgabe. Sich in diesen wieder einzuleben. Und durch die Rhythmen eures Naturells werden auch eure Körper wieder tief heilen können.

Ihr wollt wissen, wie man also Materie erschafft, ohne den eigenen Planeten ausbluten zu lassen? Es geschieht durch eure eigene Schöpferkraft. Ja, wir sind fähig, zum Beispiel aus Gedankenkraft, unsere eigene Kleidung herzustellen. Anstatt wertvolle Ressourcen aus der Natur im Übermaß auszuplündern. Doch dies benötigt eine gewisse Übung.

Euer erster Schritt in die Materialisierung eurer Manifestationen ist es tatsächlich, die Kräfte der Manifestation zu durchschauen. Und anhand dessen, Materie in eurem Feld wahrzunehmen. Das bedeutet, die Materie, die ihr manifestieren möchtet, ist in dieser Phase schon in Existenz. Und es geht darum, sie in euere bewussten Felder als physische Materie zu erkennen.

Im Folgeschritt wird es darum gehen, aus eurer Gedankenkraft direkt Materie zu materialisieren. Es geschieht in der Vorstellung, dass ihr euch selbst innerlich vorstellt, welche Form der Materie ihr haben möchtet, und durch eure so tiefe Vorstellung die sofortige Transformation der Energiepartikel in Materie erfolgt.

Das ist übrigens auch das Momentum, in dem auch der Tod beginnt sich aufzulösen. Wie meinen wir dies? Wenn ihr in der Kraft seid, selbst aus göttlichen Energiefunken Materie zu erschaffen, so erkennt ihr ebenso, dass eure Körper ebenso auch nur eine Ansammlung an Energiefunken ist, die sich stets neu erschaffen kann. Denn wie schon erwähnt, Energie ist DAS Element, aus dem sich ALLES wandelt und materialisiert. Im gesamten Universum.

In der Wahrheit, dass auch eure Körper eine Ansammlung an kollektiver Energie unterschiedlicher Frequenzen ist, kann somit auch sie nun ihre Form transformieren. Im Erkennen dieses Momentes werdet ihr aufhören zu altern. Denn ab dann seid ihr in der Lage, eure Körper von allen „Schlacken" zu befreien und pur eure höchste Seins-Form als Körper zu manifestieren. In einem Zustand unendlicher

Jugend. Denn alles, was ihr nicht mehr in eurem Feld möchtet, werdet ihr nun loslassen. Altern ist dann ein Relikt. Und Sterben somit ebenso. Denn durch das Wissen der eigenen Körpertransformation ist es euch möglich, in alle Felder nun selbst zu wandeln, ohne einen Prozess des Sterbens nun weiter zu benötigen. Körpertransformation ist unser Alltag und wird bald auch eurer sein. So wie einst eure aufgestiegenen Meister es euch über viele Zeiten vorlebten!

Das und vieles mehr ist eure Zukunft. Wundervolles erwartet euch. Dürfen wir euch einladen, nun tief in euch zu gehen. Und wenn ihr möchtet, gerne mit uns Kontakt aufzunehmen. So dass wir euch die Abkürzung zu eurem Paradies gerne aufzeigen können? Sozusagen in Abkürzung euch wieder an eure tiefste Wahrheit selbst erinnert. Und dieses Erinnern euch wieder in eure Urkraft zurück aktiviert. Denn euer Paradies aufbauen, darf jeder von euch selbst, um tief seine eigene Wahrheit zu erkennen.

Um all´ die Unwahrheiten nun endgültig aufzudecken, die durch das euch bisher noch umgebende „Feld der Trennung" noch verschleiert werden, möchten wir dir auch heute wieder einige tiefe Fragen mitgeben. Sie mögen dir dienen, deine eigene Wahrheit klarer denn je zu erkennen. Und die Illusionen, die du als scheinbare Wahrheiten angenommen hast, nun vollkommen aufzudecken. Bist du bereit?

Fangen wir mit den Fragen an:

„Folgst du schon tief deiner Herzensmagie?"

„Welche in dir vernichtende Strukturen trägst du noch in dir? Kannst du sie erkennen? Kannst du sie verändern?"

„Welche täglichen Handlungen führst du bisher noch aus, die nicht im Einklang mit deinem ganz eigenen Rhythmus des Lebens sind?"

„Welche täglichen Handlungen führst du bis heute noch aus, die nicht im Einklang mit dem Kreislauf des Lebens auf Planet Erde sind?"

„Wo hälst du noch an zerstörerischen Mechanismen, Glaubensmustern oder Programmierungen in dir fest, weil diese scheinbar einem gesellschaftlichen Normal entsprechen, aber schon längst niemandem mehr dienlich sind?"

„Wonach sehnt sich deine Seele? Nach mehr Ruhe, Frieden, Stille, tiefes in dich spüren, dich selbst erkunden? Ist jetzt vielleicht endlich die Zeit dafür, dieser tiefen Sehnsucht einfach nachzugehen?"

„Du möchtest wissen, was die Wahrheiten über den Kreislauf von Planet Erde sind? Dann gehe raus in die Wälder und lausche den Bäumen und all' den anderen sichtbaren und unsichtbaren Wesenheiten! Was flüstern sie dir über die Wahrheit des Planeten und des Kosmos zu?"

„Gehe in die Stille und öffne dein Herz: Kannst du unsere Worte des Lichts wahrnehmen? Was wird dir aus dem Kosmos zugeflüstert?"

Dürfen wir dich einladen, immer klarer für dich deine eigenen Mechanismen der Zerstörung zu hinterfragen? Meist ist die Zerstörung deines Selbstes der größte und durchaus auch schädlichste Mechanismus: Wann agierst du wirklich in Selbstliebe zu dir? Umgekehrt gefragt: Wie oft agierst du so tief gegen dich, dass sogar bis auf Körperebene mögliche Reaktionen wie Schmerz und Krankheit entstehen? Hier ist der Ursprung aller Zerstörung. Und hier ist der Schlüssel für jeden Selbst, sich erst wieder selbst tiefer denn je zu lieben, und aus dieser Liebe heraus zu heilen. In der Vorstellung, wenn dies jeder tun würde, so würde auch die Liebe zu anderen wieder vollkommen aufblühen. Wieviel mehr wäre dann wieder für euch möglich?

Doch wie du selbst erkennen kannst: Der erste Schritt beginnt IMMER bei dir selbst! Liebe dich mehr denn je! Und heile durch diese Liebe zu dir!

Heute möchten wir euch allerdings in der Meditation nicht zu einer weiteren Meditation des sich selbst Erkennens einladen. Sondern euch verführen! Verführen in mögliche Zukunfts-Realitäten!

Und zwar in schon längst existierende Zukunfts-Realitäten, die als mögliche neue Felder der Fülle für Planet Erde schon längst vorhanden sind! Warum wir dies machen? Weil wir dir zeigen möchten, was schon längst alles für euch möglich ist! Ja, es werden Möglichkeiten sein, die sich wahrhaftig „galaktisch" zeigen werden!

Vielleicht so verrückt sogar, dass ihr glaubt, es ist ein wundervoller Traum, aber niemals möglich! Doch alles, was zu dir persönlich kommen wird, sei es als Bilder, Worte oder tiefstem Wissen: Es ist schon längst Realität! Und diese Realitäten rufen euch nun, sozusagen für euer eigenes „next level"! Immer in der Frage: Was darfst du dafür aus dem Feld der Trennung noch loslassen!

Bist du bereit, in die „Bubbles der Zukunft" einzutauchen? Dürfen wir uns als Sternenwesen vielleicht sogar sichtbar verkörpert dir in der Meditation zeigen? (wir haben bisher immer noch etwas Sorge, dass ihr vor unserem Aussehen noch etwas zurückschreckt).

Dann lass´ uns nun gemeinsam reisen! Was hälst du davon, gemeinsam mit uns diese Reise in unserem Space-Shuttle zu erleben? Fühle dich von Herzen Willkommen!

Download der Meditation „Reise in die Zukunfts-Realitäten von Planet Erde":

****

Meditation „Reise in die Zukunft von Planet Erde"

Download:
https://ruthverenaweber.tentary.com/p/KcLf2e

Code: Starbeing

****

Wie war deine Reise in die möglichen Felder der Zukunft von Planet Erde? Vielleicht hast du sogar Lust, diese

Reisen auch weitere Male zu genießen. Du wirst erkennen, dass sich mit der Zeit weitere Möglichkeiten bis hin zu ganz neuen Realitäten dir zeigen können. Und doch sind es alles wahrhaftige schon längst existierende Realitäten! Warum ist das so?

Wenn du so magst, so ist dies´ der klare Beweis nun für dich, dass es wirklich zillionen von Möglichkeiten an Realitäten existieren. Und diese sind ja nur ein Ausschnitt der Möglichkeiten an Realitäten, die durch dich selbst mitkreiert wurden. Stelle dir einmal vor, wie viele Realitäten schon alleine beginnen zu existieren/ existieren, wenn jeder von euch zillionen davon kreiert. Möglicherweise überlappen manche davon und ihr werdet euch darin sogar in Zukunft begegnen. Andere wiederum werden ganz neue Felder sein und wiederum andere Wesen und Bewusstseinsformen miteinander verbinden.

So beginnt das Spiel des Kreierens auf höheren Ebenen. Und es ist uns eine wahre Freude, dazu einzuladen! Denn das ist, wie „Welten" kreiert werden! Und ihr euch selbst als wahre Schöpferwesen in Gott-Gewahrsein nun erkennen könnt!

Wir laden euch daher ein, diese Fülle an empfangenden Informationen gerne der Autorin zuzusenden. Sie würde diese dann in den Mitgliederbereiches, der zu diesem Buch gehört, veröffentlichen. Sozusagen würde sich dann über die Zeit eine wundervolle Paradies- Kreations-Landschaft aller Leser und alle die mitkreieren ergeben. Ein Ort, an dem eure Seelen durch das Lesen dieser paradiesischen Realitäten aller Mitwirkenden, Kraft schöpfen werden. Hoffnung und immer mehr Licht würden sich dadurch auf

Planet Erde ausbreiten. Und ein wahres Netzwerk an hochschwingenden Energien über euren gesamten Globus, würde mehr und mehr Raum einnehmen.

Daher wäre es wundervoll, wenn du deine Visionen mitteilen und weitergeben würdest. Denn dieses zarte Geflecht an Herzensschwingungen wäre eine machtvolle Energie, die euer „neues Zeitalter" beschleunigen würde, als physische Realität endlich in euer Feld, zu kommen. Hast du Freude daran, deine empfangenen Visionen zu teilen? Und auch Freude daran, das Netzwerk höchster Lichtfrequenzen mit vielen anderen von Planet Erde zusammen zu knüpfen?

Schreibe der Autorin einfach gerne eine Mail (Mailadresse findest du im zugehörigen Mitgliederbereich). Und erzähle von deinen Visionen. Sie wird alle hochschwingenden Visionen und empfangenen Botschaften deiner Seele im Mitgliederbereich des Buches einfügen. Und so allen Teilnehmern zur Verfügung stellen! Bist du mit dabei? Das ist der erste Schritt, um als einzigartiges Bewusstsein in der Kraft der Oneness zu agieren!

Tag 12 Lösche deinen Vertrag mit dem Feld der Trennung

Du hast damals freiwillig eingewilligt. Genau zu jener Zeit, als viele Mächte und Wesen entschieden, dieses großartige Feld zu kreieren. Das „Feld der Trennung". Ein Feld, dass zu damaliger Zeit in dieser Form noch nirgends existierte und somit noch keinerlei Erfahrung bestand. Keiner wusste, was wirklich passieren würde, wenn wir einst vergessen, wer wir wahrhaftig sind. Doch wir alle, alle Seelen die damals beteiligt waren, entschieden, dieses Experiment durchzuführen. Und wir schlossen eine Art Pakt. Eine Art Bündnis. Jeder einzelne von euch, der tief in sich spürte, dabei sein zu wollen, hatte damals unterschrieben.

Dieser Pakt bestand zum einen darin, dass wir aufgrund unserer Mächtigkeit, dieses Feld kreieren und solange aufrechterhalten würden, solange neue Erfahrungen in diesem möglich seien. Wenn du dir dieses Feld als eine Art Kugel vorstellst, die gehalten wird von mächtigen Händen, ist das ungefähr die Energie, die dahintersteht. Sobald allerdings die Hände wegfallen, zerfällt das Energiefeld. So könnte man in sehr vereinfachter Sprache erklären, wie wir alle gemeinsam im gesamten Universum und darüber hinaus neue Felder der Erfahrungen kreieren. Wir alle halten mit unseren „Händen" ein solches Feld. Bis dieses „seinen Dienst" getan hat!

Doch nun zurück in das noch tiefere Verstehen, wie es auf Planet Erde zu so niedrig schwingenden Energiefeldern kommen konnte. An sich sind diese Felder auch nicht niedrig schwingend. Sondern eben nur in einer bestimmten Frequenz. Der „Frequenz des Vergessens" und der „Frequenz der Trennung". Und nur durch das Vergessen eurer Wahrheit sind Ereignisse passiert- und passieren bis heute- die als sehr schmerzhaft oder im Gefühl endloser Verlorenheit empfunden werden. Neben natürlich auch all´ den Erfahrungen und Ereignissen, die einfach tief eure Herzen in jeglicher Art und Weise bis heute berühren. Eben eine wilde Mischung hier in eurem Feld.

An sich ist es einfach ein eigenes Feld, in dem bestimmte Erfahrungen gemacht werden können.

Die Idee damals war, herauszufinden, wie Bewusstsein im Vergessen seiner Herkunft agiert. Das klang für alle Beteiligte sehr spannend. Und so schlossen wir diesen Pakt. Viele von uns schlossen dieses Bündnis miteinander. Wir, du liest richtig: Ihr als Menschenwesen, aber auch alle anderen Bewusstseinsformen auf Planet Erde. Und in Beteiligung einer riesigen Anzahl unterschiedlicher Sternenwesen von nah und fern. Um diese tiefe Reise gemeinsam auszuprobieren. Da du diese Zeilen liest, kannst du davon ausgehen, dass auch du in diesem Bündnis beteiligt bist.

Was allerdings niemand ahnen konnte, war die Grausamkeit und der Schmerz, der mit dem Vergessen einhergehen kann. Doch wie schon vorherig erzählt: Da niemand wissen konnte, was genau passieren würde, wurde eine Art „Enddatum" als „Klausel" eingefügt. Um einen möglichen Ausgang – für alle Fälle- zu kreieren. Der „Ausgang" ist für euch persönlich zu jedem Lebensende durch euren persönlichen Tod. Der in dieser Form vor allem nur auf Planet Erde existiert. Und als „Ausgang" wurde auch ein „Enddatum des Experiments" ausgemacht. Wie ihr schon wisst, findet dieses Enddatum gerade in euren Tagen nun statt.

Und genau darum ist nun Zeit, für jeden einzelnen die Entscheidung zu treffen, ob man noch weiter in diesem „Experiment" dabei sein möchte. Oder den eigenen Vertrag nun löschen möchte. Denn das ist es: Solange ein Vertrag zwischen dir als einzelne Person/Wesenheit und diesem Feld noch existiert, wirst du weiterhin darin involviert sein. Und da du diese Zeilen aktuell lesen kannst, wirst du sehr wahrscheinlich noch in diesem Bündnis miteingebunden sein. Mit dem Unterschied, dass du das „Erdenspiel" nun langsam wahrscheinlich satt bist. Es erkennst als sich aneinanderreihende Wiederholungen des immer wieder kehrenden Spiels der Trennung!

Schon alleine, wenn du dich in die Erfahrung begibst, mehr über „vergangene Inkarnationen deiner Leben zu erhaschen, erkennst du, dass du über meist viele Leben immer wieder ähnliche Ereignisse erfahren konntest. Teils sogar mit denselben verabredeten Seelen. Klarer denn je kommt ihr in dieser Inkarnation an diese Fakten. Zum Beispiel durch hellsichtige Medien oder durch eure eigenen Gaben des „Channelns" oder „Akasha Chronik Readings". Und genau dieses Erwachen lässt euch nun die weitere Sinnhaftigkeit des bisherigen „Spiels der Trennung" nun hinterfragen! Zu Recht!

Jetzt gilt es, in Betracht zu ziehen, ob nun für jeden einzelnen die Zeit gekommen ist, diesen Bündnisvertrag mit dem „Feld der Trennung" nun aufzulösen.

Warum aber gab es eine Art Vertrag?

Wie schon erwähnt, können Felder nur existieren, wenn Bewusstsein, gerne in Form von Wesenheiten, diese kreieren und durch das Füttern der Energien, im Sinne von Halten der Energie, diese weiterhin halten. Jeder einzelne ist Teil dieses Halten der Energie. Denn ihr selbst existiert aktuell in diesem Feld sogar als sehr physische Körpermaterie. Und durch euer Agieren, Denken und Fühlen, gerade in den Programmierungen von Angst, Schmerz und Trennung, haltet ihr genau dieses Feld überhaupt weiterhin mit aufrecht.

Ihr könnt euch dies vorstellen, wie ein Theaterstück. Das Theaterstück kann nur in seiner größten Fülle existieren, wenn alle Akteure auf und hinter der Bühne mitwirken. Du bist einer dieser Akteure aktuell noch in dem „Feld der Trennung"! Und hast dich somit für einen Platz auf der Bühne entschieden! Doch nicht nur ihr selbst auf Planet Erde haltet das Feld aufrecht. Auch Wesen und andere Bewusstseinsformen, sozusagen als Akteure hinter der Bühne, halten dieses Feld bewusst aufrecht. Stets in klarer Absprache aller Beteiligten und freiwilligen Teilnahme.

Es ist also keine „Bestrafung" oder eine Art „Schicksal" oder „Gefängnis", wenn ihr aktuell auf Planet Erde inkarniert sein. Sondern eine Entscheidung deines freien

Willens. Gerade in diesen Umbruchszeiten drängt es geradezu sehr viele Seelen sogar in dieses Feld. Denn ihr alle wollt aktuell erfahren, wie nun der Wechsel von dem „Feld des Vergessens" wieder in die „Felder der Oneness und Wahrheit des Universums" geschehen. Und jeder Einzelne möchte tief in sich erspüren, wie wieder das Erinnern und tiefe Reaktivieren aller Kräfte geschieht. Die meisten Seelen sind schon viele Male in dem „Feld der Trennung" inkarniert. Und diese Endphase zu erleben ist, wie das Crescendo eines genialen Musikstücks am Höhepunkt durch Mark und Bein vibrieren zu lassen! Aber es sind auch ganz junge Seelen unter euch, die meist aus den Fernen des Universums zu euch reisen, um diese terrestrische einmalige Erfahrung genau jetzt zu erleben. Oder auch in ihrer hochschwingenden Weise sanft mit zu begleiten in die neuen „Wogen von Planet Erde". Bevor dieses Feld in dieser höchsten Größe zu einem minimalistischen Bruchteil kollabieren wird. Das ist durchaus ein sehr spannendes Event!

Aus dieser Sichtweise heraus betrachtet, existieren bei euch daher aktuell hauptsächlich zweierlei Art Verträge mit dem „Feld der Trennung": Zum einen gibt es Verträge, die mit vielen Wesen zu Anbeginn der Existenz dieses Feldes eingegangen wurden. Sozusagen Verträge aus der Entstehungszeit. Diese Verträge sind von zillionen von euch unterschrieben worden. Denn es brauchte für jede „Feldkreation" immer eine massive Menge an Energie, um überhaupt ein solch´ starkes „Feld der Zerstörung/Trennung" zu erschaffen. Und um so dichte Materie in großer Menge, um all das, was hier in diesem

Feld zu erfahren ist, wirklich zu ermöglichen. Das sind somit Verträge, die schon, in Zeitdimensionen bestehend, linear betrachtet, aus den Urzeiten entstammen.

Weiter gibt es auch Verträge mit diesem Feld, die nur für eine kurze Zeit bestehen. Sozusagen mit Enddatum versehen. Diese Verträge gehen vor allem Seelen/ Bewusstseinsformen ein, die Planet Erde nur kurz besuchen möchten, wie zum Beispiel gerade die jungen Seelen aktuell. Meist ist das „Enddatum" das Verlassen des Feldes durch den physischen Tod.

Gleich welcher Art Vertrag bei jedem einzelnen persönlich vorliegt, so existiert auf jeden Fall ein Pakt zwischen dir und dem „Feld der Trennung". Stelle es dir mehr wie eine Art Vereinbarung vor. Ohne diese würdest du aktuell nicht in diesem Feld existieren können. Und das Feld auch nicht ohne dich, bzw. alle! Dieser Pakt ist deine Eintrittskarte in dieses gigantische Meisterfeld! Und nebenbei erwähnt: Gleich welche anderen Felder des Universums du besuchst, so besteht stets vorab eine Art Vereinbarung zwischen dem ausgewählten Feld und dir. Anders könnten Felder jeglicher Art gar nicht existieren!

Doch was bedeutet dies nun aktuell für Planet Erde in dem „Feld der Trennung"?

Solange diese Verträge aufrechterhalten werden, durch ein Nicht-Wissen der Existenz dieser, ist es sehr schwierig, aus dieser dritten Dimension selbst auszusteigen.

Solltest du in Erwägung ziehen, diesen Vertrag nun zu lösen, wirst du dich tiefer denn je wieder an deine Wahrheit erinnern. Und somit auch leichter wieder in die „Felder der Oneness" zurückkehren.

Du möchtest wissen, ob du das darfst? Und wie das funktioniert?

Das ist aktuell sogar deine Aufgabe, so es dich tiefsten Herzens ruft! Denn, das ist der Beginn der Auflösung des „Feldes der Trennung". Und je mehr Verträge aufgelöst werden, wird nun das „Feld der Trennung" zunehmend kollabieren. Bzw. zu einer kleineren Größe „schrumpfen"! Genau dieser Akt, das Auflösen der Verträge, ist Teil des aktuellen Wandlungsprozesses. Die beste Entscheidung ist somit, diesen Akt der Lösung bewusst zu gehen. Bewusst zu entscheiden, nun aus diesem Bündnis zu gehen. Denn dadurch kannst du für dich selbst erkennen, dass du den Weg in die Trennung auch wieder durch deinen eigenen Bewusstwerdens-Prozess zurück in die Welt der Oneness geschafft hast.

Was passiert dann mit diesem" Feld der Trennung", gerade wenn mehr und mehr Menschen ihre Verträge auflösen?

Hier ist vielleicht das Bild des Feldes als eine Art „Blase" oder „Luftballons" ganz praktisch. Die Größe des Luftballons ist abhängig von der Anzahl der mit dem Feld beteiligten Seelen. Das bedeutet, je mehr Menschen/Wesen einen Vertrag mit dem Feld eingehen, desto größer der Luftballon. Beginnen nun aber

Menschen, ihre Verträge aufzulösen, so beginnt der Ballon zu schrumpfen. Übersetzt bedeutet dies, dass das „Feld der Trennung" wieder kleiner wird!

Und genau darum sind gerade auch so viele Seelen auf Planet Erde in genau diesem Feld inkarniert. Um gemeinsam mitzuerleben, wie nun, nach Jahrtausenden langem Bestehen des Feldes, nun sich wieder alles „zurückentwickelt" in seinen Ursprung. Jeder möchte diesen Übergang sozusagen Live und nicht nur als Art „Kino" mit Popcorn von außen miterleben. Keine Sorge, gleich, was passiert, auch über das euch sichtbare Feld hinaus wirken aktuell mehr Wesen und Bewusstseinsenergien in diesem Umbruch mit, als je zuvor. Es ist wie eine Geburt. Aus der „Geburtsblase" nun sich gebären zu lassen und in die Oneness zurückzukehren. Und alle Geburtsbegleiter stehen schon längst bereit, mit euch gemeinsam das Neue zu gebären!

Doch was passiert nun für dich ganz persönlich, wenn du dich aus dieser „Blase der Trennung" löst?

Die größte Angst eurerseits ist meist, dass ihr dann den Kontakt zu euren Liebsten verliert. Eben den Liebsten, die noch lieber in dem alten Vertrag weiter existieren möchten. Doch tatsächlich seid ihr nun nach dieser (meist Jahrtausenden langen Erfahrung) wahre Experten für „Felder der Trennung". Sobald du den Vertrag löst, wirst du über die Zeit deine Wahrheit als Schöpferwesen mehr und mehr wiedererkennen. Das bedeutet: Manifestationen werden in naher Zukunft als Fingerschnipp in physischer Realität entstehen und deine DNA wird wieder zu einer

12-Strang DNA (der göttlichen Ursprungs-DNA). Und vor allem werden sich auf deiner DNA wieder alle „Schleier des Vergessens" entfernen. Stelle dir dies so vor, als wären bisher bestimmte Anteile deiner DNA inaktiviert bzw. am Schlafen gewesen. Es sind exakt die Anteile, die du inaktiveren musstest, um zu vergessen, wer du wahrhaftig bist. Das ist sozusagen ein Teil des Vertrages: Wenn man in das Feld des Vergessens/ der Trennung möchte, dann müssen bestimmte Anteile der DNA „verschleiert" werden.

Gerade die überdimensionalen Fähigkeiten werden verschleiert, wie auch das Erinnerungsvermögen. Und vieles Weitere. Dies ist nötig, um sich überhaupt in diesem Feld als „anders" erfahren zu können. Wenn auch meist mit viel Bauchkribbeln, seid ihr diese Entscheidung wirklich eingegangen! Denn wenn man sich plötzlich nicht mehr über seine Magie und dem Gefühl vollkommener Sicherheit in Fülle erinnern kann, ist das ein wahrlich großer Schritt. Alles, was bisher bekannt war, vergesst ihr mit eurer Geburt auf einem Schlag. Vielleicht dient hier als Bild eine Art „Bungee-Jumping Sprung". Ihr springt ins Ungewisse! Und wisst nicht, was auf euch zukommt. Geschweige denn, dass ihr euch noch erinnern könnt, warum ihr euch überhaupt in dieses heftige Feld inkarniert habt. Doch genau darum geht es schlussendlich.

Genau diese Anteile auf eurer DNA beginnen nach Auflösen des Vertrages sich nun wieder zu reaktivieren. Das ist übrigens auch ein Anteil dessen, der zu diesem Wandel ganz bewusst dazu gehört. Als Bild mag hier vielleicht dienlich sein, dass ihr aus diesem „Feld-des-

Trennungs-Luftballons" nun herausgeht. Als würdet ihr einfach austreten! Doch keine Sorge, ihr fallt nicht in ein „Nichts", sondern in die „Felder der Oneness und Fülle". Die nächsten Felder, die schon längst auf euch warten. Oder wie ihr sie oft beschreibt: Die Paradiesfelder. Denn hier ist wieder alles möglich. Hier beginnt ihr euch tiefer den je an eure Wahrheit zu erinnern. Erweckt wieder tief eure Magie und hochdimensionalen Fähigkeiten. Und es sind auch die Felder, in denen ihr erst einmal wieder Kraft schöpft. Um euch von dieser langen Reise der Jahrtausende zu erholen und zu reflektieren.

Während wir diese Zeilen schreiben lassen, magst du als Leser vielleicht das Gefühl bekommen, das ist das Momentum des Todes. So ist eure Vorstellung- im Allgemeinen- über den Tod, das Sterben und Wiederauferstehens nach der physischen Existenz. Aber wir sprechen hier nicht von einem physischen Tod. Sondern wir sprechen hier von dem bewussten Übergang von einem Feld zu dem nächsten Feld. WÄHREND du in deinem physischen aktuellen Körper bleibst! Wir können uns gut vorstellen, dass auch dieser Sprung, der Sprung zurück in die Oneness sich nun wieder wie ein „Bungee-Jumping Sprung" anfühlt. Denn euer aktuelles Feld ist das aktuelle Normal. Gleich, ob es euch zu klein geworden ist oder schmerzt: Alles darüber hinaus liegt meist noch nicht in eurer Vorstellungskraft. Obwohl das „Alles darüber" eure Ursprungs-Wahrheit ist. Es ist somit kein neues Feld, in das ihr euch nach Auflösen eures Vertrages begebt. Sondern es stellt den Schritt dar, nun endlich wieder „Nachhause" zu kommen.

Wir wollen nun noch die Ausgangsfrage beantworten: Verliert ihr eure Liebsten um euch, wenn ihr euren Vertrag auflöst und sie noch nicht? Tatsächlich können wir das nicht klar beantworten. Was wir aber wissen ist Folgendes: Ein Teil der alten Freunde und Liebsten werden vielleicht etwas länger im alten Feld während der Phase des Übergangs verweilen. Sie bleiben sozusagen in „anderen" Frequenzschwingungen. Die, die aber in die neuen Felder gehen, werden sich mehr und mehr bewusst, dass sie alle Frequenzschwingungen sind. Und das kann zum einen bedeuten, dass sie nun „andere" Frequenzbereiche" ausprobieren möchten. Bereiche, in denen die Schwingungsfrequenzen stark von den Frequenzbereichen des „alten Feldes" abweichen. In diesen Momenten wird es schwierig, den Freunden der „Vergangenheit" zu begegnen. Einfach aus dem Bewusstsein heraus, dass in diesem Moment zwei unterschiedliche Frequenzbereiche bestehen, die nicht miteinander überlappen. Und nur in der Überlappung kann Begegnung geschehen! Doch gleichzeitig sind auch die unter euch, die den Vertrag lösen. Ebenso in das Bewusstsein fließen, dass sie alle Frequenzen in sich tragen. Aber dieses Bewusstsein nutzen, innerhalb kürzester Zeitfrequenzen nur in unterschiedliche Felder der Frequenzen zu switchen. Übersetzt bedeutet dies, ihr werdet in unterschiedliche Timelines, vielleicht sogar innerhalb von Minuten, einfach hin- und her switchen. Und dieses Switchen ermöglicht natürlich auch, in die Frequenzfelder des „Alten" wieder und wieder einzutauchen und deinen Liebsten aus diesen Feldern zu begegnen. Deine Liebsten könnten natürlich auch in andere Felder switchen. Aber genau dafür braucht es das Bewusstsein, dass wir alle uns nur immer in unterschiedlichen Feldern aufhalten. Und dieser Gedanke ist für viele Menschen auf Planet Erde aktuell noch sehr abstrakt.

Eine große Aufgabe dieses Switchens ist, die „Brücke" für andere Menschen zu den „Feldern der Oneness" zu werden. Diese Aufgabe ist natürlich vollkommen freiwillig.

Ganz praktisch könnte das möglicherweise so aussehen: Nachdem du bewusst den Vertrag mit dem „Feld der Trennung" durchgeführt hast, wirst du immer tiefer in die Oneness eintauchen. Oneness bedeutet, verstärkt aus dem Gefühl von „wir" zu agieren. Und du wirst, kreiert aus deinen Fähigkeiten und Vorlieben, Dinge kreieren, die anderen helfen, ihren Weg aus dem „Feld der Trennung" selbst zu finden. Zum Beispiel, indem du einen Kurs kreierst, in welchem du anderen zeigst, wie sie sich selbst heilen können. Oder viele andere Dinge. Das ist die Möglichkeit, als „Brücke" zwischen den Welten beginnen zu agieren. Und so durch unterschiedliche Art und Weise andere dabei zu unterstützen, selbst den Weg des Bewusstseins zu erkennen. Das Lösen des Vertrages mit dem Feld der Trennung kann allerdings nur jeder selbst. Wenngleich dies aktuell und in naher Zukunft nun massenhaft geschehen wird. Denn das ist der Wandel, der aktuell stattfindet. Du kannst also niemanden dazu überreden oder davon überzeugen. Denn hinter dieser Entscheidung steht das eigene Erkennen der tiefsten Wahrheit in jedem selbst. Dieses Erkennen ist der erste Schritt, damit überhaupt das Gewahrsein sich kreieren kann, zu erkennen, dass die aktuellen Erfahrungen nur ein Bruchteil der Möglichkeiten sind, die Planet Erde in unterschiedlichen Dimensionen für jeden von euch bereithält.

Wenn es dich ruft, eine „Brücke" zwischen deiner „alten Welt" und der „neuen Welt" zu sein, wirst du es tief in dir spüren.

Doch sei dir dessen gewahr: Sobald du den Vertrag löst, wird sich alles für dich verändern. Gerade am Anfang kann es durchaus etwas herausfordernd sein, die plötzliche Intensität der vielen spontanen Manifestationen zu meistern. Oder wenn sich deine Hellsinne plötzlich wieder vollkommen aktivieren, nicht das Gefühl zu bekommen „verrückt" zu sein! Weil du plötzlich zum Beispiel „Stimmen" wahrnehmen kannst. Stimmen von anderen Wesenheiten, wie zum Beispiel uns.

Doch wir freuen uns, euch wieder in unserer Welt von Herzen willkommen zu heißen. Denn ja: Als kleine Nebenwirkung werden wir uns dann auch wiedersehen können. Und die „Schleier des Unsichtbaren" werden sich für dich wieder auflösen. Schon allein das ist Grund genug, dass der physische Tod nun mit der Zeit einfach irrelevant wird. Und das, was wir hier erzählen, ist erst der Anfang von all' den wundervollen gigantischen Dingen, die ihr in Zukunft hier ganz physisch auf Planet Erde erfahren werdet. Erinnert euch, was wir euch über unser Leben zuvor erzählt hatten. So und ähnlich wird sich nun auch euer Leben vollkommen verändern.

Wie kannst du nun den Vertrag auflösen?

Folgend möchten wir dir dafür eine Meditation an die Hand geben, in der Du deine Verträge mit dem „Feld der Trennung" auflösen kannst und gleichzeitig deine DNA sich wieder reaktivieren wird. Und du wirst in dieser Meditation schon die ersten tiefen Erkenntnisse deiner wahren Wahrheit erfahren.

Bist du bereit dafür?

(Bitte mache diese Meditation erst, wenn du wirklich bereit dafür bist, ansonsten mache sie gerne später, wenn es sich nach dem richtigen Zeitpunkt dafür anfühlt.)

Bevor du für die Auflösung des Vertrages einwilligst, möchten wir dir zwei tiefgründige Fragen vorab mitgeben. Diese dürfen dir zeigen, ob es nun schon an der Zeit ist, jetzt den Vertrag zu lösen. Oder ob zuvor vielleicht noch mögliche Transformationsschritte gegangen werden möchten.

„Spürst du in dir den tiefen Ruf, das „Feld der Trennung" nun zu verlassen?"

„Welche Antworten bekommst du aktuell auf Seelenebene? Wohin mag in nächster Zeit deine Reise weitergehen?"

Die Meditation „Auflösung des Vertrages mit dem Feld der Trennung" findest du unter folgendem Link als Download:

****

Meditation „Auflösung des Vertrages mit dem Feld der Trennung"

****

Fühle dich frei, diese Meditation wirklich erst in dem Moment zu machen, in dem es dich tief ruft. Denn ja, sie ist eine Entscheidung, die du im Alltag spüren wirst. Eine der Wirkungen ist zum Beispiel, dass Dinge sich nun wahrhaftig schneller manifestieren. Wir wissen, das ist euer sehnlichster Wunsch. Doch bedenkt auch, wie oft ihr „Kopf-Chaos" in euch tragt. Auch diese Dinge würden sich somit schneller manifestieren. Denn ihr wisst: Auf frequenzisch gibt es keinen Unterschied, ob sich die Manifestationen für dich später gut oder weniger gut anfühlen! Sondern gleich, was du ab jetzt in dir als Frequenz trägst, kommt tatsächlich ohne große Zeitverzögerung in dein Leben.

Du wirst spüren, wann für dich ganz persönlich der richtige Moment für diese letzte Meditation sein wird.

Wir lieben dich!

Namasté

Schlussworte der Plejader und kosmischen Wesen

Wir, die Wesen der Plejaden, wie auch Wesen anderer kosmischen Felder danken dir von Herzen für deine Zeit. Die Zeit unsere Worte in dich aufzunehmen. Die Zeit, dich auf eine Reise eingelassen zu haben, die bestimmt noch etwas ungewöhnlich ist. Eine Reise, die euch Erdenwesen zeigen möchte, dass um euch im Kosmos noch unendlich vieles mehr existiert. Und euch gleichzeitig zeigen möchte, wie groß eure Aufgaben in diesem unendlichen Spiel der Energien wahrhaftig sind.

Es ist nun an euch, euch wieder tief für die Wahrheiten des Kosmos zu öffnen. Die Zeiten der Dunkelheit und Trennung enden aktuell. Und die Wahrheiten des Kosmos werden gerade in den nächsten Jahren eurer Erdenreise sich tiefer denn je offenbaren. Es wird eine Reise des Erinnerns und Reaktivierens sein. Es wird eine Reise höchster Technologien und purer Oneness sein, mit allen Wesen auf Planet Erde und darüber hinaus. Ihr habt den Zenit überschritten, kein zurück in die Dunkelheit ist nun mehr möglich. Ihr habt mit Bravour alle Felder der Trennung gemeistert. Und seid nun wahre Meister, in naher Zukunft, um dieses Wissen wiederum anderen Planeten und Galaxie-Systemen weiterzugeben. Systeme, die auch noch aktuell auf der Reise der Trennungsfelder sich aufhalten. Felder, für die ihr auf Planet Erde nun ausgebildet wurdet, euch tatsächlich sogar bewusst dafür entschieden hattet, um nun in der Unendlichkeit des Universums als „Geburtshelfer" des Lichtes große Aufgaben in Zukunft zu übernehmen.

Nichts war jemals umsonst. Gleich, wie groß der Schmerz jedes Einzelnen von euch gewesen sein mochte. Sondern alles war stets in Kreation deines höchsten Seins in der Oneness des Universums.

Wir lieben dich.

Wir ehren dich.

Und freuen uns tief, euch schon ganz bald persönlich begegnen zu dürfen.

Namasté

Nachwort der Autorin

Wie geht es dir nun liebe Leserin, lieber Leser?

Ich weiß, die Worte von Sternenwesen sind für uns als Menschen oft noch sehr außergewöhnlich. Müssen wir uns aktuell ja erst einmal mit dem Gedanken vertraut machen, dass wir wirklich nicht in dieser unendlichen Weite alleine sind. Und scheinbar wirklich auch anderenorts Leben existiert. Leben, dass soviel weiter in der Entwicklung ist, als wir es scheinbar gerade noch oft sind.

Leben, dass sich keinen Schmerz mehr hinzufügt, sondern aus der Energie des „Wir" tief miteinander vernetzt ist. Und in der unendlichen Liebe des Kosmos zum Wohle aller agiert.

Manches mag sich in diesem Buch wie eine wundervolle Science-Fiction-Geschichte mit Happy End für dich anhören. Vielleicht sogar zu schön, um es zu glauben.

Doch ich persönlich bin immer wieder stark davon berührt, in welcher detaillierten Art und Weise gerade die Sternenwesen uns diese komplexen galaktischen Tatsachen erklären können. So klar, dass sogar unser Verstand in die Versuchung kommt, einmal etwas ganz Ungewöhnliches ausprobieren zu wollen.

Daher möchte ich dich, du wundervolle Seele, von Herzen einladen: Lass´ uns gemeinsam das Ungewöhnliche wagen! Und gemeinsam auch auf Planet Erde wieder in die Oneness eintauchen. Bist du dabei?

Dank

An erster Stelle möchte ich zutiefst bei meiner Familie bedanken. Danken, dass sie mich so lieben, wie ich bin. Und ich hier wirklich pur Ich sein darf. Und auch sogar mit all´ meinen „unsichtbaren" Freunden, quer durch den gesamten Kosmos. Denn ja, alles, was wir nicht sehen oder uns wissenschaftlich bisher erklären können, ist einfach „spooky"! Doch gleich, ob wir schon alles aus unserem kleinen Feld, betrachtet auf den gesamten Kosmos, wirklich erkennen können, es existiert! Und darüber hinaus noch mehr, als uns aktuell nur annähernd möglich ist, zu verstehen.

Doch nicht nur bei meiner Familie und meinen wundervollen Herzensfreunden möchte ich mich für ihre Offenheit bedanken.

Sondern auch ganz persönlich bei dir, du wundervolle Seele! Denn, wenn du diese Zeilen hier nun liest, bedeutet dies höchst wahrscheinlich, dass du das gesamte Buch gelesen hast. Und dich wahrhaftig auf diese etwas „andere Rauhnachts-Reise" tatsächlich eingelassen hast. Und das ist einfach wundervoll! Dafür danke ich dir von tiefstem Herzen. Auch im Namen aller Sternenwesen!

Meine Einladung an dich möchte daher abschließend sein:

Lass dich auf das Ungewöhnliche ein!

Und selbst, wenn dein Verstand schon lange nicht mehr mitkommt: Lass´ dich in die Magie des Kosmos einfach fallen!

Was kann dir schon passieren? Chaos ist ja sowieso schon an der Tagesordnung! Also: kann es doch nur magischer werden! Oder?

Das Universum liebt dich. Und seine schönste Beschäftigung ist es, dich zu beschenken. Beschenken, mit deinen wundervollsten und kreativsten Träumen und Wünschen, die du vielleicht bisher noch nicht ansatzweise dich getraut hast, zu träumen. Du wirst geliebt. Und du wirst immer geliebt sein!

Und du bist Teil in diesem unendlich großen Gefüge. Dem Spiel purer Magie. Daher tiefer denn je mag nun die Einladung sein: Lass die Spiele purer Magie der Fülle für dich persönlich im hellsten Licht nun beginnen!

In Liebe

Ruth

Weitere Möglichkeiten der Zusammenarbeit

Vielleicht ist für dich dieses Buch der Anfang deines Lebenszaubers. Vielleicht surfst du schon mitten drin in der Magie des Universums. Gleich, wo du gerade bist:

Folgend meine Möglichkeiten für dein Erwachen und Expandieren:

Lerne selbst Channelns, Energetisches Heilens, Manifestieren Transformierens, Reality Shifting oder wie du dein eigenes Business aufbauen kannst. Kurse, Angebote, weitere Bücher, Journals und vieles mehr findest du hier:

Meine Website:
https://reconnectbeyond.com/

Mein YoutubeChannel:
https://www.youtube.com/@ruthweber2690

Instagram:
https://www.instagram.com/reconnect.beyond/

Ich freue mich schon jetzt von Herzen auf dich

Wenn du magst, schreibe mir gerne noch eine Buch-Rezession. Das würde mich persönlich sehr freuen. Und sogar meine Arbeit tief unterstützen, auch in Zukunft weitere Bücher für dich auf den Markt zu bringen. Ich danke dir von tiefstem Herzen.

Übrigens: Falls du den einen oder anderen Fehler findest: Das sind alles liebevolle Glücksbringer für dich! Ich lektoriere stehts meine Bücher selbst, um den „Geist der Wesen" tief zu bewahren. Da kann das einfach schon einmal vorkommen! 😊

Die Autorin Ruth Verena Weber

Ruth Verena Weber ist multidimensionales Medium, Autorin, Meditationslehrerin und Online- Entrepreneur für Selbstlernkurse und Onlinekongresse. Seit über 20 Jahren hat sie Kontakt zu unterschiedlichen Arten an Wesenheiten der „Anderswelten". Ihre Aufgabe ist es, als „Botschafterin der Welten", das Wissen aus den „Anderswelten" auf Planet Erde zu etablieren. Durch ihre Kurse, Bücher, Meditationen, und Kongresse gibt sie das tiefe Wissen über die Weisheiten und Wahrheiten des Kosmos und den Anderswelten an Planet Erde, weiter.

Ihr Herzensanliegen ist es, dass wirklich jeder Mensch sich wieder „re-connected" an seine höchste Ur-Essenz. Daher kreiert sie viele Kurse und Meditationen, um Möglichkeiten zu erschaffen, dass jeder wieder selbst mit all′ dem „Unsichtbaren" und „Sichtbaren" in Berührung kommen kann. Sie begleitet seit 2015 Menschen über ihre unterschiedliche Vielfalt an Angeboten und gibt das Wissen über das Erlernen der kosmischen Techniken wie „Medialität", „Energetisches Heilen" und vieles mehr in die Welt weiter.

Weiter begleitet die Autorin Menschen in ihrer Sinnsuche, sich wieder selbst an ihren höchsten Purpose zu erinnern. Ihr größter Traum ist es, dass wirklich alle Wesenheiten dieses wundervollen Planeten aus ihrer Herzensmitte heraus kreieren und den Planeten Erde mit ihrer Einzigartigkeit zum Erstrahlen bringen.

Weitere Informationen über die Autorin, wie auch eine schöne Ansammlung kostenfreier Möglichkeiten, sowie auch alle ihre Online-Auftritte und Angebote finden sich unter: *www.reconnectbeyond.com*

Glossar

Channelings geben innerhalb kürzester Zeit tiefe Einblicke in extrem komplexe Zusammenhänge. Und das gerne einmal in wenigen Sekunden. Hinzu kommt, dass viele der Informationen als Worte so nicht in unserer Sprache existieren. Daher folgend einige detaillierte Erklärungen zu möglichen verwendeten neuerfundenen Wörtern oder komplexe Zusammenhänge.

All-Eins-Bewusstsein

Das All-Eins-Bewusstsein ist im Grunde das gesamte Bewusstsein des gesamten Kosmos. Es beschreibt jegliche Formen der Existenz in Interaktion im Miteinander-Wirken als Gesamtheit. Und umschreibt ebenso das gesamte Bewusstsein in allen Feldern, betrachtet als Großes Ganzes. Es wird auch gerne als „Gott" beschrieben. Doch in der Auffassung von „Gott", scheint „Gott" nicht das höchste im Universum zu sein, sondern ein Anteil des All-Eins-Bewusstseins aus der Beschreibung der Menschen. Das All-Eins ist im Grunde die Energie die zum einen gebend alles nährt und alles ist. Und gleichzeitig auch empfangend jeglicher Erfahrungen zu sein scheint. Und als großes Ganzes alles speichert, speist und durch dieses wiederum Neues sich kreieren kann.

Anderswelten

Die Anderswelten sind aus menschlicher oder auch irdischer Sicht betrachtet, einfach alle anderen Welten, die außerhalb unserer bisherigen menschlichen

Vorstellungskraft liegen. Das sind zum Beispiel die Felder von Engelwesen, aufgestiegenen Meistern, oder auch Verstorbenen. Es sind aber genauso auch alle Felder, in denen wundervolle Sternenwesen wohnen. Und alle Welten, die neben unserem Universum und darüber hinaus existieren. In dieser Realität, wie auch allen anderen Realitäten.

Blase (engl. Bubbles) der Trennung

Oft werden Felder wie eine Art „Blase" als telepathisches Bild dargestellt. Es ist, als wäre im unendlichen Feld der Fülle und des „All-Eins-Bewusstseins" inmitten immer wieder Felder in form solcher Blasen. Blasen, die in sich eine ganz eigene Welt darstellen. Diese Blase wird gehalten von allen Bewusstseinsformen, die sich damit verbunden haben. Und diese durch ihr Dabeisein auch mitkreieren. Eine solche „Bewusstseins-Blase" stellt die Möglichkeit dar, eine bestimmte Form einer bestimmten Realität zu erfahren. Wie wir gerade auch auf Planet Erde die „Blase" unserer aktuellen Realität erfahren. Meist sind daran bestimmte Anforderungen, besondere Gesetzmäßigkeiten oder auch Bedingungen gestellt. Und genau diese machen die ausgewählte Blase so besonders. Eine Blase ist im Grunde eine Art „Erfahrungsraum", in der man eine besondere Form der „Trennung" vom All-Eins-Bewusstsein ausprobieren kann.

Dimensionsfeld

Dimensionsfeld ist im Grund die etwas andere Beschreibung für eine „Blase". Eine Dimension ermöglicht unter bestimmten Gesetzmäßigkeiten bestimmte Erfahrungen als „verkörpertes" Bewusstsein auszuprobieren. Dimensionen gibt es überall im Universum. Und gleichzeitig auch zum Beispiel auf unserem Planeten existieren unterschiedliche Dimensionsfelder gleichzeitig.

Erleuchtung

Erleuchtung definieren wir als Menschen den Moment, indem wir das Universum im Grunde vollkommen durchschaut haben. Und durch Anwendung aller Gesetzmäßigkeiten zum höchsten Wohle aller dienen. Doch ob wir diesen Punkt wahrhaftig jemals erreichen werden ist fraglich!

Felder der Illusion

Jede neue Erfahrungsblase ist im Grunde ein Feld. Und jedes Feld wiederum eine bestimmte Form von Realität, die sich aus dem Bewusstsein jedes einzelnen darin beteiligten Wesens zusammen kreiert. Diese Realität ist im Endeffekt der Spiegel der inneren Welt des Wesens. Oder wenn mehrere Wesen gemeinsam wirken, ist die erschaffene Realität der Spiegel des gesamten Kollektivs. Ist diese Realität nun wahrhaftig real? Ist sie doch nur ein Spiegelbild! Jede Realität ist somit gleichzeitig auch eine Illusion. Denn sobald sich die innere Welt aller Beteiligten verändert, die gemeinsam eine bestimmte Realität kreiert haben, wird sich automatisch auch der Spiegel verändern. Und somit neue Illusionen zaubern. Was ist also nun die Wahrheit?

Felder der Möglichkeiten

Da nichts im Universum starr oder fest ist, sondern sich jegliche Realität im dauernden Wandel befindet und als Spiegelbild der inneren Frequenzen abbildet, gibt es unendlich viele Realitäten. Und somit auch unendlich viele Möglichkeiten. Die Felder der Möglichkeiten beschreibt im Grunde die grenzenlose Unendlichkeit, die jedem Bewusstsein wahrhaftig zusteht. Nur der Mensch selbst hat wohl die Gabe, sich selbst innere Grenzen zu erschaffen, die sich dann auch im Außen zeigen. Doch die Wahrheit ist, dass einfach alles möglich ist.

Oft wird unter „Felder der Möglichkeiten" auch das Quantenfeld beschrieben. Doch was ist das Quantenfeld. Es ist das Universum. Es ist jene Matrix als Gesamtmatrix, die sogleich auch keine Matrix ist. Eben ein Feld, in dem sich Energiefunken einzigartig zu Materie formen und wieder auflösen. So wie Bewusstsein es sich als Spiegelbild gerade kreieren möchte. Und diese unendlichen Kombinationen an Möglichkeiten zeigt auf, dass auch für uns als Menschen wirklich alles möglich ist. Denn gleich, was sich durch das einzelne Bewusstsein eines Menschen in Materie formen möchte, wird im Universum in genau diesen Feldern unendlicher Energie entstehen.

Feld der Oneness

Das Feld der Oneness ist im Grunde die Beschreibung des Universums aus der Sicht der Fülle und des tiefen

Miteinander Agierens und Kreierens jeglichen darin beteiligten Bewusstseins.

Feld der Trennung

Das Feld der Trennung würden wir wahrscheinlich als die dritte Dimension beschreiben. Nach spiritueller Auffassung die Dimension, in der die meistern Menschen sich gerade noch aufhalten. Es ist die Dimension höchster Polaritäten und Gegensätzen, die uns aktuell bekannt ist. Tatsächlich beinhaltet sie das Vergessen unseres Ursprungs und somit auch das Vergessen unserer magischen Fähigkeiten und der Wahrheit des Universums. Wir sind hier allerdings nicht einfach plötzlich „hereingeraten". Sondern jeder, der gerade in diesem Feld existiert, hat in diese „Bündnis", dieses Feld tief zu erfahren, eingewilligt. Um hier seine ganz persönlichen Erfahrungen zu machen. In diesem Leben, wie viele von uns auch meist viele Leben zuvor. Aktuell geht es allerdings darum, unsere Realität als diese zu erkennen: Ein Feld, in das wir uns absichtlich hineininkarniert haben. Und durch dieses Erkennen haben wir nun einmalig die Möglichkeit, diese „Realitäts-Illusion" nun zu verlassen. Und in eine andere „Realitäts-Illusion" nun weiterzureisen! Einmalig MIT Körper! Normalerweise konnten wir diesen Switch die letzten Jahrtausende nur über unseren Tod verändern.

Feld des Vergessens/ Schleier des Vergessens

Synonym für das Feld der Trennung. Denn sobald verschiedene DNA-Anteile bei Eintritt in das Feld der

Trennung, sprich unserer aktuellen kollektiven Realität, „überdeckt/verschleiert" werden, vergessen wir mit Eintritt der Geburt, wer wir wahrhaftig sind. Und da wir in der Regel alle um unsere wahre Wahrheit vergessen, kann man unsere aktuelle Dimension auch „Das Feld des Vergessens" bezeichnen. Als Pendant sei am Rande zu erwähnen, dass durchaus in anderen Realitätsfeldern die darin agierenden Wesen nicht vergessen, wer sie in Wahrheit sind.

Das Vergessen ist somit eine Art Besonderheit aktuell noch in diesem Feld.

Formwandlung

Wir sind Bewusstsein. Wir, die wir uns gerade Menschen nennen, wie auch jegliches andere existierende Wesen oder jegliche Form. Gleich, wo Energie in irgendeiner Form existiert, ist es Gott-Bewusstsein. Denn es besteht aus göttlicher Energie. Das bedeutet: Gleich welche Form existiert, der Ursprung in jeglicher Materie ist Energie. Und Energie ist wandelbar. Wandelbar in jegliche Form! Für hochschwingende Wesen ist es daher möglich, ihre Körperform immer wieder und wieder zu verändern. Auch in uns als Menschheit liegt diese Gabe. Denn auch wir sind einfach Energie. Bewusstseinsenergie aktuell in einem aus Energie geformten Körper. Wir erinnern uns an Jesus. Oder auch andere aufgestiegenen Meister, die bis heute an Orten plötzlich auftauchen können und dann wieder verschwinden. Oder sogar ihr Aussehen einfach verändern. Sobald wir wieder wahrhaftig wissen, wer wir sind, wird das unser neuer Alltag möglicherweise werden. Denn schlussendlich: Energie ist wandelbar!

Frequenzausstrahlung

Jedes Wesen, jedes Bewusstsein, jede Materie besitzt eine bestimmte Frequenz. Und genau diese strahlt es aus. Durch diese Frequenz wird automatisch ähnliche Frequenz angezogen. Und gleichzeitig aber Frequenzen, die nicht konform mit dieser Ausstrahlung übereinstimmen, werden „abgestoßen". Abgestoßen ist hierbei nicht der richtige Ausdruck. Denn im Grunde überlappen sich einfach nicht die Frequenzfelder und man nimmt einfach nicht die andere „nicht-konforme" Frequenz wahr. Besser vorzustellen ist dies, wenn man sich ein Radio vorstellt, das unterschiedliche Sender hat. Du kannst nur den Sender hören, den du gerade anschaltest. Was aber nicht heißt, dass dies der einzige Sender ist, wie du selbst weißt. Sobald du wiederum umschaltest, kannst du allerdings einen neuen Sender, aka ein neues Frequenzfeld, wahrnehmen. Die Realität um dich ist im Grunde die Resonanz-Frequenz zu deiner eigenen Frequenzausstrahlung.

Fülle-Universum

Ein weiteres Wort für das unendliche Universum in all' seinen Nuancen an Möglichkeiten. Ein unendlicher Raum, in dem alles miteinander agiert und sich von der göttlichen Energie im Überfluss nährt und expandiert. Und über „Energiebande" miteinander verbunden ist.

Gott-Bewusstsein/ Gott-Gewahrsein/Quelle

Die Summe allen Bewusstseins agierend aus dem höchsten Sein heraus. Gleichzeitig genährt aus den Erfahrungen jeglichen Bewusstseins. Und gleichzeitig nährend alle Formen des Lebens/Bewusstseins, die in dieser Unendlichkeit existieren. Genau diese Form des Bewusstseins steckt in jedem von uns. Denn wir sind Teil dieses unendlichen Gott-Bewusstseins. Entspringen wir doch alle dieser einen Quelle! Und genau diese Quelle ist sozusagen über uns in jeglicher Form des Lebens inne, um sich so als unendliches Bewusstsein wiederum zu erfahren. Wenn man so mag, ist jegliches Bewusstsein, Gott-Bewusstsein bzw. Gewahrsein.

Gott-Sein

Als Anteil des Gott-Bewusstseins ist im Grunde jeder einzelne „Gott". Und es gilt, sich in höchster Größe nun in dem aktuell ausgewählten Feld in der Energie von „Wir" auszuprobieren.

Göttlicher Blueprint

Der göttliche Blueprint ist im Grunde deine göttliche Matrix deines eigenen Seins. Die Basis hierfür ist deine 12-Strang-DNA. Dieser göttliche Blueprint beinhaltet alles, was du bist, jemals warst und in Zukunft sein wirst. Das bist du selbst in deinem höchsten Sein. Sozusagen du als Ur-Matrix.

Inspired actions

Inspired actions bedeutet aus dem Englischen übersetzt „inspirierende Handlung". Dies bedeutet so viel, wie, dass man nicht weiter verstandesgesteuert logischen Handlungen folgt. Sondern beginnt, als Basis für folgende Handlungen, dem eigenen Herzen zu lauschen. Und den Impulsen dieser zarten Herzensstimme so viel Macht gibt, dass man die Impulse durch folgende Handlungen in Aktion bringt. Vorsicht: Dein Leben könnte plötzlich magisch werden!

Jetzt-Präsenz

Das ist der Moment, wenn man im Hier und Jetzt ist. Dieser Moment, in dem keine Vergangenheit und auch keine Zukunft scheinbar existiert. Es ist der Moment, in dem man selbst in purem Gewahrsein ist. Und in diesem Moment beginnt tatsächlich Zeit und Raum aufzuhören, zu existieren. Im Jetzt gibt es wieder Schmerz, Kopfkino oder auch schon die nächsten Pläne. In dieser Zeitlosigkeit und der eigenen vollkommenen Präsenz wird wahrhaftig Materie erschaffen. Und sogar ganze Timelines, Realitäten und Felder geswitcht. Es ist der Moment, in dem alles ruhig wird, und in einem Selbst tiefer Frieden einkehrt. Aus diesem Momentum kann sich die ganze Welt verändern!

Realitäts-Illusionen

Jede Realität ist im Grunde nur das Spiegelbild der eigenen inneren Frequenzausstrahlung. Verändert sich die innere Frequenz, verändert sich die äußere physische Realität. Ist Realität nun eine Wahrheit oder eine sich immer wieder wandelnde Fata Morgana, die sich an unsere Energie anpasst? Ist es somit eine Realität? Oder vielleicht nur eine Illusion, die durch die eigene Vorstellungskraft und innere Resonanz entsteht?

Remember-Zeit

Remember bedeutet aus dem Englischen „sich erinnern". Die „Erinnerungszeit" ist der Moment, indem wir erkennen, wer wir wahrhaftig sind. Wir sind Schöpferwesen. Und in diesem Erkennen durchbrechen wir die Annahme, dass Schicksal oder Karma existiert. In diesem Erwachen wird bewusst, dass nicht das Leben einen bestimmt und man selbst machtlos sich fügen muss. Sondern dass durch die Erinnerung an die Seelenwahrheit plötzlich klar wird, dass jeder selbst seine Realität erschafft. Es ist ein Erwachen aus einem langen Schlaf des Vergessens.

Seins-Kraft

Die Seinskraft ist die erschaffende Kraft, aus der durch das eigene Schöpfer-Bewusstsein neue Materie sowie das eigene gesamte Leben kreiert wird

Seelenweg

Der Seelenweg ist nach menschlicher Auffassung der Weg, den man sich für eine Inkarnation ausgewählt hat. Darin sollten bestimmte Elemente, die man vor der Inkarnation ausgemacht hat, sein. Allerdings stellen wir uns diesen oft als sehr starre Matrix vor, die vorgibt, dass nur dieser eine Weg der eine Richtige ist. Tatsächlich gibt es aber nicht nur diesen einen richtigen Weg. Sondern in nur einem Leben verändert sich unserer Realität immer wieder neu. Neu nach der Ausrichtung unserer inneren Frequenzausstrahlungen und Freuden-Impulsen. Nach neuerer Definition wäre es mehr einfach „der Weg der Freude". In purer Freiheit der eigenen Wahlen jedes Menschen selbst.

Shifts

Shifts bedeutet aus dem Englischen übersetzt: Umbruch. Es sind Momente im Leben, in denen oft das gesamte Konzept auf den Kopf gestellt wird. Und man sich nun eine neue Realität erschaffen darf. Im Hintergrund, dass diese wieder den Weg zurück zu Freude und Erfüllung ist.

12-Strang DNA

Im Ursprung haben wir keine 2-Strang- DNA in unserem Körper, so wie sie bisher die Wissenschaft in jedem einzelnen Zellkern unserer Körper vorfindet. Sondern eine 12-strängige DNA. Diese wird auch die göttliche DNA oder der „göttliche Blueprint" genannt. Denn in dieser ist unsere gesamte Matrix unseres eigenen einzigartigen Seins codiert. Aktuell reaktiviert sich unsere 12-Strang nun wieder mehr und mehr. Was durchaus bedeutet, dass wir unserem wahren Gott-Gewahrsein wieder begegnen und unsere magischen Fähigkeiten wieder reaktivieren.

Unknown

Das Unknown bedeutet übersetzt das „Unbekannte". Das Unbekannte wiederum beschreibt für uns als Menschen nur den Zustand, dass wir vieles noch nicht verstehen oder kennen. Alles, was sozusagen über unsere Vorstellungskraft hinaus scheinbar existiert, wird somit als „Unknown" beschrieben. Und das wiederum riecht sehr nach neuen Abenteuern. Abenteuer in einer Welt, die wir bisher nicht kennen oder sie vergessen haben. Und dafür benötigt es Mut und Vertrauen.

Wholeness

Wholeness bedeutet aus dem Englischen übersetzt: Ganzheit! Es beschreibt den Zustand von Perfektion in der Gesamtheit allen Seins. Alles ist genau am richtigen Platz und durch die göttliche Energie durchflutet. Es gibt nichts mehr zu verändern! Sondern alles ist genau richtig!

Zillionenfach

Zillionenfach möchte eine unendliche Zahl, die niemand erfassen kann, beschreiben. Denn in Expansion des Universums kann es keine genaue Anzahl für die Unendlichkeit von Materie, Felder oder Möglichkeiten geben. Zillionenfach versucht diese Unendlichkeit als Wort auszudrücken.

Impressum
Bibliographische Information der Deutschen Nationalbibliothek

Die Deutsche Nationalbibliothek verzeichnet diese Publikation in der Deutschen Nationalbibliographie. Detaillierte bibliographische Daten sind im Internet über https://dnb.d-nb.de abrufbar.

ISBN: 978-3-7693-2305-4

Verlag: BoD · Books on Demand GmbH, In de Tarpen 42, 22848 Norderstedt, bod@bod.de Druck: Libri Plureos GmbH, Friedensallee 273, 22763 Hamburg

©2024 Ruth Verena Weber ist für den gesamten Inhalt der Texte und zugehörigen Materialien verantwortlich

©Bild und Cover: Erstellt in Canva (www.canva.com) mit Bildern von Jeplenio"/Pixabay und „Claudio Ventrella"/getty images (lizenzfreie Bilder, entnommen aus www.canva.com)